AF366043

ISIDRO LAPUENTE ÁLVAREZ

PSICOLOGÍA Y RENDIMIENTO DEPORTIVO

©Copyright: Isidro Lapuente Álvarez
©Copyright: De la presente Edición, Año 2020 WANCEULEN EDITORIAL

Título: PSICOLOGÍA Y RENDIMIENTO DEPORTIVO
Autor: ISIDRO LAPUENTE ÁLVAREZ

Editorial: WANCEULEN EDITORIAL
Sello Editorial: WANCEULEN EDITORIAL DEPORTIVA

ISBN (Papel): 978-84-18262-38-8
ISBN (Ebook): 978-84-18262-39-5

DEPÓSITO LEGAL: SE 749-2020

Impreso en España. 2020

WANCEULEN S.L.
C/ Cristo del Desamparo y Abandono, 56 - 41006 Sevilla
Dirección web: www.wanceuleneditorial.com y www.wanceulen.com
Email: info@wanceuleneditorial.com

Reservados todos los derechos. Queda prohibido reproducir, almacenar en sistemas de recuperación de la información y transmitir parte alguna de esta publicación, cualquiera que sea el medio empleado (electrónico, mecánico, fotocopia, impresión, grabación, etc.), sin el permiso de los titulares de los derechos de propiedad intelectual. Cualquier forma de reproducción, distribución, comunicación pública o transformación de esta obra solo puede ser realizada con la autorización de sus titulares, salvo excepción prevista por la ley. Diríjase a CEDRO (Centro Español de Derechos Reprográficos, www.cedro.org) si necesita fotocopiar o escanear algún fragmento de esta obra.

DEDICATORIA

A mis padres, Isidro y Carmen.

A mi hermana May,
tan fuerte y valiente como su madre,
tan buena y cariñosa como su padre.

INDICE

1. Los procesos de Enseñanza-Aprendizaje en el ámbito deportivo

1.1. LA INTERACCIÓN INSTRUCTIVA. EL APRENDIZAJE

Se define el aprendizaje como el cambio más o menos permanente de conducta que se produce como resultado de la práctica. Proceso de adquisición de conocimientos, habilidades, valores y actitudes a través de la enseñanza o de la experiencia.

El proceso de aprendizaje motor está basado en la interacción personal de la relación educativa como proceso de comunicación. La comunicación es condición indispensable para que exista transmisión de conocimientos y contenidos, donde la relación entrenador-deportista es relación entre personas que interactúan.

Educación es transmisión de conocimientos y comunicación personal. Entrenador y deportista ponen en común lo que tienen y lo que son.

La significación en la comunicación depende, entonces, de las sensaciones y percepciones, las motivaciones y deseos, las emociones y sentimientos, los pensamientos e ideas, las opiniones y creencias, las conductas y experiencias y las actitudes y valores, de ambos.

Donde definimos sentimiento, percepción y motivación como:

- Sentimiento: estado de conciencia derivado de la situación afectiva y que se caracteriza por tener cierta duración y significado.
- Percepción: es el primer proceso de conocimiento del entorno.
- Motivación: conjunto de procesos implicados en la activación, dirección y mantenimiento de la conducta.

Nos comunicamos a partir de los juicios previos con los que hemos ido conformando la realidad y los conceptos. Se presta más atención a lo que nos motiva. Los estereotipos que hemos ido conformando son poderosos filtros que sesgan la realidad.

Factores que influyen en la interacción entrenador-deportista:

- Características personales, actitudes, creencias, expectativas y aptitudes de entrenador y deportistas

- De contexto: nivel de aptitudes, material, objetivos, situación, escenario
- De proceso: conductas del entrenador y deportistas
- Resultados de la interacción.

La personalidad del entrenador es determinante por diferentes aspectos que conforman la relación en el acto de aprendizaje deportivo:

1) Exigencia con deportistas.
2) Aptitudes.
3) Conocimiento de materia.
4) Sentido de la disciplina.
5) Autoridad.
6) Actitud.
7) Mentalidad abierta.
8) Formación.
9) Estabilidad emocional.
10) Equidad.
11) Vocación.
12) Apariencia física.

La instrucción eficaz, entendida como proceso, queda configurada, entonces, por variables como la claridad, la variabilidad, el entusiasmo, el descubrimiento guiado, la orientación a la tarea, el tiempo de aprendizaje y las discusiones en grupo.

En cuanto a la clasificación de la funcionalidad del líder, Buceta (1998) propone los estilos:

- Autocrático: toma las decisiones sin consultar
- Consultivo: consulta a todos y se reserva la decisión final
- Participativo: se convierte en miembro más del grupo. Todos deciden
- Delegatorio: delega responsabilidades

La Interacción entrenador-deportista, por tanto, tiene como principales factores: la conducta del entrenador, la personalidad del entrenador, los estilos de enseñanza, la interacción de los deportistas, la comunicación en el proceso educativo, las habilidades sociales en la sesión, así como las habilidades sociales y comunicación asertiva.

La enseñanza deportiva tiene lugar en un contexto de interacción social entre el entrenador-entrenador y el deportista-deportista, lo que se traduce en analizarlo desde un enfoque psicosocial y un intercambio e influencias mutuas.

La conducta del entrenador debe ser pues de exigencia con los deportistas, con amplias aptitudes para la enseñanza, conocimiento de la materia y sentido de la disciplina.

Asimismo, con una personalidad compuesta por actitud pedagógica, interés por el deportista, mentalidad abierta, capacidad de autoridad, formación, estabilidad emocional y vocación por la enseñanza de su deporte.

Donde aprendizaje motor es el proceso de adquisición de competencias de movimiento, desarrollo eficiente de habilidades motrices.

"El juego, como el lenguaje, constituye uno de los elementos imprescindibles en la constitución de las estructuras intelectuales"

(Linaza y Maldonado, 1987).

En el aprendizaje motor, el acto didáctico entre el entrenador y el deportista tiene como principios fundamentales la individualidad, la autonomía, y la socialización. Así mismo, las fases en la adquisición de las competencias motrices lo forman el descubrimiento, la adquisición, el perfeccionamiento y la consolidación, recursos didácticos eficaces que provocaran una mejor asimilación de la información, una mayor ejecución de la conducta motriz y por lo tanto un adecuado desarrollo de hábitos.

Otra forma de adquisición de las conductas motoras, y que son estrategias de aprendizaje de mayor eficiencia, son la aplicación analítica y la global. En la primera el movimiento se subdivide en partes y se presenta de esa manera al deportista. En la segunda se realiza el movimiento de forma global y, poco a poco, se van realizando correcciones para pulir el gesto motriz.

Es necesario, por tanto:

- dejar cometer errores
- asumir iniciativas
- realizar múltiples ejercicios
- asimilación adecuada y progresiva
- tener una visión a largo plazo

La variabilidad del aprendizaje viene determinada por sesiones con diferentes ejercicios y juegos, tareas con cierto reto personal, un progreso personal y no comparación y sobre todo por la realización de juegos cooperativos en contextos creativos.

La gratificación y refuerzo adecuado son, en todo el proceso de interacción entre entrenador y deportista, fundamentales, por lo que hay que trabajar más el refuerzo positivo que el castigo, y crear constantemente oportunidades para todos, con un feedback adecuado en cada momento.

A su vez, la creación de grupos de trabajo con tareas ajustadas al nivel de los deportistas propiciará en mejor entorno de entrenamiento facilitador de un adecuado aprendizaje.

Los principales motivos de relación entre los deportistas-deportistas son:

a) deseo de competencia: logro, eficacia, destreza
b) deseo de afiliación: pertenencia al grupo
c) deseo de poder: efectividad y convencimiento sobre otros

Lo que implicará mayor cohesión en el equipo, es decir aumentar la totalidad de fuerzas que hacen interactuar a los individuos que forman el grupo, ya que la cohesión influye en la productividad del grupo.

1.2. LA PSICOPEDAGOGÍA

Etimológicamente el termino psicopedagogía proviene de tres palabras griegas: psyché, alma; pais, niño y agogué, acción de conducir o educar. Podemos definirlo, pues, como la manera de educar el *"alma"* del niño; o, dicho de otro modo, como el ámbito interdisciplinar que atiende a todos aquellos factores psicológicos que intervienen en el proceso de enseñanza-aprendizaje.

En el entrenamiento deportivo la actuación del entrenador es determinante para que este proceso se de en las mejores condiciones y se consiga la transmisión eficaz de los contenidos de aprendizaje.

La enseñanza a través del entrenamiento hace referencia al proceso de descubrimiento, adquisición, perfeccionamiento y consolidación de distintos aprendizajes donde la comunicación y la metodología utilizada son la base en el acto didáctico entre entrenador y deportista. Es imprescindible, por tanto, tener un conocimiento de las características del deportista para realizar el trabajo de entrenador en las mejores condiciones.

Existen tres principios fundamentales en todo acto educativo-deportivo son:

1) El principio de la individualidad: cada deportista es distinto a otro y por tanto no debe tener un idéntico entrenamiento.
2) El principio de la autonomía: se le debe dotar progresivamente de mayor capacidad de trabajar partes del entrenamiento por su cuenta.
3) El principio de la socialización: procurando que las relaciones entre los deportistas sean ricas en lo social, creando grupo y potenciando los valores de solidaridad y respeto.

Principios relativos al proceso de aprendizaje:

- El aprendizaje debe ser significativo: estableciendo un vínculo entre el nuevo material de aprendizaje y los conocimientos previos del deportista
- El contenido debe ser potencialmente asimilable y motivante.
- Los conocimientos adquiridos deben ser funcionales, es decir, que pueden ser utilizados de forma efectiva cuando las circunstancias lo exijan.
- El aprendizaje requiere de una actitud activa por parte del deportista
- El aprendizaje debe ser constructivista, es decir, no reducirlo a mera transmisión de conocimientos.
- Debe aplicarse de forma correcta el recurso de la memoria, empleando la memoria comprensiva como base para nuevos aprendizajes.

Las bases del aprendizaje deben cumplir, además, las premisas esenciales de: información adecuada, motivación, práctica y repetición de lo aprendido, intensidad adecuada, multisensorialidad (cuantos más sentidos se impliquen en los aprendizajes, éstos serán más consistentes y duraderos), repetición de las conductas satisfactorias y evitación de las desagradables, transferencia (los aprendizajes realizados son transferibles a nuevas situaciones), novedad (las cuestiones novedosas se aprenden mejor que las rutinarias y aburridas), prioridad, autoestima (las personas con un buen concepto sobre sus capacidades aprenden con más facilidad).

1.3. MÉTODOS Y ESTILOS DE ENSEÑANZA

Según Delgado Noguera (1991), el método de enseñanza, es el conjunto de técnicas coordinadas para dirigir el aprendizaje hacia determinados objetivos; es siempre un "camino" hacía una meta.

El estilo de enseñanza es la forma de enseñar, el carácter especial que da un entrenador en los entrenamientos como sello de su personalidad. Es así mismo, una forma de interaccionar con los sujetos a los que se enseña. Es la manera de "andar" el camino (Delgado, 1991).

Clasificación de los estilos de enseñanza:

- Tradicionales: mando directo, modificación del mando directo y asignación de tareas.
- Que fomentan la Individualización: individualización por grupos, enseñanza modular, programas individuales y enseñanza programada.
- Que posibilitan la participación: enseñanza recíproca, grupos reducidos y microenseñanza.
- Que favorecen la socialización: estilo socializador. Incluye el trabajo colaborativo.
- Que implican cognoscitivamente al deportista: descubrimiento guiado y resolución de problemas.

Clasificación según Delgado Noguera (1994):

- Socializadores: aprendizaje compartido, socializado y entre iguales. Dimensión globalizadora e interdisciplinaria.
- Individualizadores: partir del desarrollo del deportista, desarrollar su potencialidad y adaptarse a su realidad
- Participativos: compañerismo y participación del deportista
- De conocimiento: desarrollo del pensamiento crítico, aprendizajes significativos
- Creativos: desarrollo del pensamiento creativo

Para Viciana y Delgado (1999), aun así, no se deben rechazar los estilos de enseñanza tradicionales, pues son herramientas eficaces siempre que nuestros objetivos lo permitan.

- Los estilos de enseñanza individualizadores aportan productividad en la enseñanza del deporte, a la vez que los deportistas cobran una mayor importancia en la planificación del entrenamiento.

- Los estilos de enseñanza participativos tienen como principal aplicación la formación del deportista como futuro formador, monitor o entrenador deportivo, al tiempo que se ve multiplicada la acción informativa del entrenador.
- Los estilos de enseñanza de conocimiento son fundamentales en la enseñanza-aprendizaje del deporte, ya que provocan la reflexión del deportista ante juegos o problemas motores.
- La verdadera productividad de los estilos de enseñanza radica en la posibilidad de combinación en función de los objetivos y expectativas, características del deportista, condiciones de trabajo, tiempo disponible y demás factores que condicionan el acto didáctico.

La resolución de problemas y el descubrimiento guiado fomentan la creatividad y permiten ver la utilidad de los contenidos que aprenden. No obstante, hay otros estilos como la asignación de tareas y los estilos participativos.

Tenemos que ofrecer al deportista la posibilidad de aportar sus propias soluciones y provocar la reflexión mediante situaciones de aprendizaje y el feedback que más se adapten a cada contenido y fase en la que se desarrolla. Luego se afianzarán esos contenidos, hasta interiorizarlos y automatizarlos de forma que favorezcamos la posibilidad de poder atender a otros estímulos y aumentar el desarrollo de la tarea motriz.

1.4. LOS OBJETIVOS DE APRENDIZAJE

La forma de articular los diferentes ejercicios que componen la progresión en la enseñanza de una determinada habilidad motriz puede ser analítica o global. (Delgado, 1991):

- Estrategia analítica: cuando se descompone el movimiento por separado y se va combinando progresivamente hasta conseguir la secuencia completa.
- Estrategia global: se parte del movimiento global y se aprende como un todo.

En cuanto a los objetivos es necesario que sean reales, alcanzables por los deportistas y que puedan ser medidos a través de indicadores para su mejor valoración y logro.

Los objetivos pueden ser:

A. de resultado, cuando pretendemos conseguir logros concretos y en comparación con otros;
B. de realización, cuando nos referimos fundamentalmente a conductas de ejecución de técnica propias, y donde la comparación es con nosotros mismos y nuestro progreso.

Estos objetivos de realización centrados en la adquisición de conductas propias, son más apropiados para deportistas jóvenes o/y para principiantes, pues se enfatiza en el perfeccionamiento de la técnica a través de la mirada sobre uno mismo.

Establecimiento de objetivos para deportistas de rendimiento

- Objetivos a largo plazo: a partir de los cuales se planifiquen otros a corto plazo verdaderamente alcanzables en función de las posibilidades reales del entrenamiento.
- Objetivos de resultado: resultados deportivos que se quieren alcanzar.
- Objetivos de realización: se refieren a la ejecución apropiada de las conductas que se necesitan para cumplir el objetivo de resultado.

Hacen que el deportista se centre y ocupe de la propia conducta. Ayudan a realizar una valoración más realista. Su evaluación es más sencilla y fiable. Utilizada como indicador de progreso. Aumenta la percepción de control sobre el entrenamiento.

- Objetivos intermedios progresivos: de resultado y de realización, son objetivos más cercanos en el tiempo que mantienen al deportista motivado y atento a su entrenamiento.
- Objetivos a corto plazo: es el que tenemos a la vista y que debe ocupar la atención y actuación del entrenador y deportista.
- Objetivos inmediatos: para centrar la atención en el aprendizaje (en sesión de entrenamiento).

Los contenidos son el conjunto de actividades correctamente organizadas que permiten conseguir los objetivos propuestos. Dependen de los objetivos y tienen las características de jerarquización, transferencia y significación; es decir el orden de presentación y realización es importante; unos contenidos influyen en otros; y por último la actividad propuesta debe considerar lo que queremos conseguir.

Los contenidos del entrenamiento representan la estructuración completa del entrenamiento en función del objetivo a alcanzar. En todo deporte, habrá necesariamente que proponer sesiones específicamente técnicas; pero además se deben introducir otras sesiones suplementarias como el trabajo de fuerza, simulación de competiciones, sesiones teóricas y trabajo psicológico específico. Cuando el trabajo se centra en contenidos significativos, la evolución del entrenamiento es más positiva.

1.5. PSICOLOGÍA DEL DESARROLLO EVOLUTIVO

Conocer como es el desarrollo de las etapas de maduración mental del deportista joven es la función fundamental de la psicología evolutiva en el ámbito deportivo. Es un desarrollo continuo de etapas definidas que se superan con mayor o menor intensidad y que determinan muy significativamente la estructura psíquica y el comportamiento de las personas.

La duración y superación positiva de cada etapa viene determinada por los distintos condicionantes del entorno, tanto psicológicos como sociales. La estimulación psicomotora será fundamental para una mejor adaptación del sujeto al medio y de asimilación de los significantes conductuales por parte del individuo.

Las razones de importancia de las primeras edades en el desarrollo posterior son:

- Si el niño es orientado por los adultos en sus primeros años, se enriquece de experiencias óptimas que le facilitarán sus aprendizajes posteriores.
- Las bases primarias poseen una gran influencia, a través de toda la vida, en las adaptaciones personales y sociales del niño.
- Las actitudes y las conductas, sean buenas o malas, tienden a persistir a través de los años.
- Cuanto antes se inicien correcciones o cambios de hábitos, más sencilla será su adquisición.

La intervención en edades tempranas es esencial en el desarrollo del niño y su función principal es la de tener un adecuado progreso en la construcción de la personalidad, lo que significa un desarrollo evolutivo y educativo adecuado y un normal proceso de maduración psicosocial. Esta intervención es de crucial trascendencia, pues se lleva a cabo sobre un sistema nervioso en formación.

En este desarrollo hay unos componentes madurativos, relacionados con la maduración cerebral, y unos componentes relacionales que tienen que ver con su movimiento y sus acciones.

La meta del desarrollo psicomotor es el control y dominio del propio cuerpo hasta ser capaz de sacar de él todas las posibilidades de acción y expresión que a cada uno le sean posibles. Esto implica un componente externo, la acción, y un componente interno o simbólico: la representación del cuerpo y sus posibilidades de acción.

El desarrollo psicomotor hace que el niño, con sus potencialidades genéticas y la intervención de facilitadores ambientales, vaya construyendo su propia identidad. El niño se construye a sí mismo a partir del movimiento. Su desarrollo va de la acción a la representación, de lo concreto a lo abstracto. En todo el proceso se va desarrollando una vida de relación, de afectos, de comunicación, que se encarga de dar tintes personales a ese proceso del desarrollo psicomotor.

1.6. APRENDIZAJE MOTOR

El desarrollo motor es el proceso de transformación de las competencias motrices en el que se ven implicadas diferentes dimensiones de la conducta infantil: biológica, motriz, perceptivo-cognitiva y social-ambiental. Se refiere al proceso por el cual se adquiere una competencia para moverse, desarrollar los patrones y habilidades motrices que permitan desenvolverse de manera eficiente (Ruiz Pérez, 1992).

El deporte es un medio muy enriquecedor para la adquisición de conductas motoras básicas siempre que se trabajen acorde con los patrones evolutivos de los deportistas y que se tengan en cuenta las diferencias individuales. En este sentido, los juegos son un excelente medio para conocer la competencia perceptivo-motora del sujeto (fundamentalmente el niño) para poder elaborar programas que favorezcan el desarrollo motor y la adquisición correcta de técnicas básicas referidas a las disciplinas que componen el deporte.

En el caso de los adolescentes es importante que el entrenador tenga en cuenta la experiencia previa del deportista y que se le dé la posibilidad de experimentar su funcionamiento motor: dejándole cometer errores, asumiendo iniciativas, rectificando y realizando múltiples ejercicios que le ayuden a almacenar de forma operativa sus capacidades físicas.

El entrenador de deportistas jóvenes debe tener mucha paciencia, tener siempre una visión a largo plazo y hacer que el proceso de asimilación de sus deportistas sea el más adecuado y progresivo posible.

1.7. PERSONALIDAD Y RENDIMIENTO. MADURACIÓN EMOCIONAL DEL DEPORTISTA

Para poder realizar progresos significativos con el fin de maximizar el rendimiento, debe prestarse atención al crecimiento personal y al desarrollo de los deportistas más jóvenes. Las situaciones de estrés psicológico que genera el deporte actual son tremendas y la mayoría de los deportistas que presentan un rendimiento bueno y consistente son también los que están más maduros y sanos a nivel psicológico. Saben adaptarse a las situaciones de cambio, mantener autodisciplina y una actitud comprometida hacia su actividad (Davies, 1991).

Si bien, cuanto más tendemos al medio o alto rendimiento con deportistas jóvenes, y por tanto con cierta inestabilidad emocional todavía, se pueden dar casos de síndrome de agotamiento crónico (burnout) por entrenamientos excesivos y dispersos generando una constante lucha entren la salud y el rendimiento del deportista (García Pérez, 2006).

El entrenamiento de la "emocionalidad" podría suponer pues, además de una mejoría en la calidad de vida, un óptimo estado del deportista frente al reto de la competición (Hernández Mendo, Guerrero Manzano, y Arjona Arcas, 2000). Para estos autores inteligencia emocional tiene su origen en la inteligencia social, y definen esta última como *"la habilidad para entender los sentimientos, pensamientos y comportamientos de las personas, incluido uno mismo, en situaciones interpersonales y actuar apropiadamente de acuerdo a ese entendimiento"*.

1.8. DIFERENCIAS INDIVIDUALES

La necesidad de una adecuación del entrenamiento o de la enseñanza a las diferencias del desarrollo es algo que autores como Hunt (1971), Tomlimson (1981) y otros han puesto ya de manifiesto, las capacidades se desarrollan en el individuo como resultado inexorable de un proceso madurativo (Beltrán et al., 1987). La cuestión a nuestro entender es que la acción del entrenador puede acelerar este proceso madurativo, con una disposición adecuada y a propósito de este objetivo de todos los elementos que configuran el trabajo de entrenamiento.

Desde el punto de vista del deporte y del entrenamiento deportivo, siempre ha sido una preocupación para entrenadores conocer y estudiar las diferencias individuales de los sujetos para hacer concordar sus características de desarrollo con las exigencias que plantea todo proceso de enseñanza.

En el deporte es fácil la creación de grupos de sujetos para adecuar la carga de entrenamiento a las expectativas, necesidades, intereses y motivaciones de los deportistas. En todo momento pueden establecerse diferentes grupos de trabajo con contenidos adecuados a las características y edades de los deportistas.

La elección de las competiciones y el objetivo de resultado en ellas debe adecuarse a sí mismo a la progresión del deportista.

1.9. INFLUENCIA DEL COMPORTAMIENTO DE LOS PADRES DE LOS DEPORTISTAS JÓVENES

1.9.1. Actitudes y comportamiento de los padres

Los agentes psicosociales de mayor influencia en la vida del joven deportista son los padres-madres y los entrenadores. La autoestima del deportista se conforma interiorizando las percepciones de estas redes de apoyo social; su mejor o peor adaptación al entorno de la competición deportiva dependerá del desarrollo equilibrado de los procesos cognitivos, sociales y afectivos en su interacción con ese contexto (Pallarés, 1998).

Los hijos, en gran medida, reproducen los comentarios que se realizan en casa y los incorporan a su pensamiento y a su modo de relacionarse. Esto es lo que ocurre respecto a las calificaciones o/y descalificaciones que se dan sobre los entrenadores, tanto por los deportistas, como por parte de los padres y madres.

Las condiciones en las que se realiza la actividad deportiva de los niños y de los jóvenes depende mucho del ambiente que generen los progenitores y los entrenadores, por lo que debe tener el objetivo común de favorecer un clima social y afectivo, adecuado y agradable.

Los padres y madres pueden ayudar a la mejor relación con su actividad de varias maneras:

- Explicándoles y responsabilizándoles de la tarea que van a hacer
- Implicándoles en la decisión de apuntarse
- Transmitiéndoles el esfuerzo que hace la familia en tiempo y coste de la actividad
- Ser modelo de comportamiento, tanto en casa como en el lugar de realización de la actividad deportiva
- Colaborando con el club deportivo en cuestiones organizativas o en tareas similares
- Tener buena relación con otros padres, tanto del mismo club como de otras entidades, aceptando los resultados negativos sin acritud y los positivos con naturalidad y discreción
- Dar ejemplo a nuestros hijos siendo practicante de deporte o de ejercicio físico de forma asidua
- Enseñándole a respetar las instalaciones y material que utilice; algo que puede y debe empezar en casa
- No meterles más presión que la que ellos mismos se generan por su compromiso y responsabilidad ante el entrenador, compañeros y la propia actividad en sí misma
- Los padres pueden y deben dar consejos a sus hijos, siempre en privado, reforzando la figura y autoridad del entrenador. No hay que confundir al joven con mensajes contradictorios y tiene que quedar clara la parcela profesional de cada parte.

1.9.2. La comunicación del entrenador con los padres-madres

Como ya hemos dicho, los padres son fundamentales en la vida del niño. Son los primeros y más importantes referentes para la socialización y formación integral del niño. En el deporte, como en cualquier otro ámbito, a los padres hay que tenerlos en cuenta e incorporarlos de forma adecuada para que todo el proceso de desarrollo deportivo y vital del niño sea coherente. Eso de *"los padres cuanto más lejos, mejor"*; es algo que no tiene sentido e invalida cualquier actuación sobre jóvenes y niños.

Es fundamental que, en la incorporación de un deportista a un club deportivo, se realice una información, grupal o personal, a los padres para que conozcan la entidad donde van a depositar la confianza de dejar educar deportivamente a su hijo. Como si del ámbito académico se tratara, el entrenador debe dar una información del programa que va a llevar a cabo, donde se expliquen bien los objetivos que se pretenden, los contenidos de trabajo y las evaluaciones que se van a realizar. Sólo así podremos ajustar en padres las expectativas, intereses, motivaciones y necesidades que tienen sobre la práctica deportiva de sus hijos. De ser un problema, el trato con los padres pasará a ser una relación rica y productiva para todas las partes.

Los contenidos de las distintas reuniones deben tener los siguientes puntos:

- Aspecto formativo de la actividad deportiva
- Importancia del comportamiento de los padres
- Objetivos deportivos, tanto individuales como colectivos
- Importancia de cumplir los compromisos adquiridos por los deportistas
- Compromiso de los padres de ayuda y vinculación con los objetivos de sus hijos
- Apoyo mesurado, sin presión, a los resultados conseguidos, tanto positivos como negativos
- No hacer de entrenador paralelo

El entrenador debe tener la habilidad social suficiente para manejar cualquier situación difícil que se presente en relación con los padres de sus deportistas; por tanto, debe tener ciertas capacidades de comunicación, de asertividad y de negociación.

Recomendamos que el entrenador sepa:

- Intentar comprender a los padres
- Escucharles con atención y respeto
- Aceptar las críticas
- Ser claro, sincero y hacerlo con tranquilidad
- Hablar sólo de su hijo y no de otros deportistas
- Argumentar su postura, sin pretender convencer
- Dejar claro que lo que importa es el deportista y todos debemos tenerlo en cuenta

1.10. INFLUENCIA DEL ENTORNO EN EL RENDIMIENTO DEL DEPORTISTA

Los comportamientos y las interrelaciones que se generan en el contexto social condicionan de forma significativa la conducta de las personas. En el ámbito deportivo, el proceso de desarrollo del deportista está también determinado por el ambiente y por las relaciones que éste entabla con los distintos entornos: el equipo, el club, la familia, el grupo de iguales y el propio sistema sociodeportivo en el que está inmerso el sujeto influyen en su rendimiento como deportista y como persona.

Definimos entorno deportivo como el sistema de influencia del deportista que comprende múltiples elementos como son la familia, los clubes y otras organizaciones e instituciones. Es lo que se denomina en el modelo ecológico sistémico como mesosistema pues comprende las interrelaciones de dos o más entornos en los que la persona actúa activamente, convirtiéndose en un sistema de microsistemas. La mayor vinculación entre los entornos que lo integran es determinada por el potencial evolutivo de este nivel de ambiente ecológico (Bronfenbrenner, 1987).

La necesidad de un conocimiento específico sobre el contexto es determinante para poder aportar un ambiente de excelencia deportiva. La premisa de un entorno de desarrollo del talento es que tenga una visión, propósito e identidad a largo plazo, ya que se ha demostrado que los deportistas adultos de alto rendimiento no siempre fueron los mejores en etapas inferiores y viceversa (Sánchez, 2002).

Esto explica la importancia y necesidad de valorar el entorno deportivo desde una perspectiva integral y dinámica que aporte conocimiento efectivo sobre el contexto socio-cultural; dicho contexto es el que revela la aparición de nuevas formas de comportamiento humano, por lo que debe ser analizado en términos de estructura sistémica (Tudge, Shanahan, y Valsiner, 1996). La aportación sistémica permite una visión diferente del objeto y del fenómeno social y nos ofrece un tipo de información cualitativa que facilita conocer las interrelaciones de las diferentes partes, las unidades de exploración, así como la evolución y la organización de sistemas sociales complejos (Gómez, 2006).

Por esta razón, enmarcamos este capítulo en el modelo ecológico sistémico de Bronfenbrenner (1987), cuya perspectiva ecológica conceptualiza a la persona en proceso de cambio y maduración en relación con un entorno social, física y psicológicamente variable. Individuo y entorno se definen mutuamente con relaciones esencialmente dialécticas y sinérgicas que demandan la utilización del enfoque holístico (Bronfenbrenner, 1987). Esta visión holística se basa en que el conjunto es superior a la suma de las partes y donde el conocimiento es mucho más que los datos y la propia información (Collison y Parcell, 2003). La utilización de esta perspectiva sistémica de los fenómenos sociales permite captar aspectos que en otros modelos no quedan reflejados.

Partimos asimismo del hecho de que el deporte es un fenómeno social complejo que se identifica como un sistema que fluye e interactúa en el seno de la sociedad (Lagardera, 1995; Dunning, 2003). Esta es la razón por la que, de todos los entornos que rodean al deportista, se realiza un especial examen sobre el contexto social, objeto de estudio y valoración en éste ámbito.

Se concibe el ambiente como una disposición de estructuras interdependientes unas de otras. Lo más importante del ambiente no son las propiedades físicas sino el ambiente percibido, el significado que adquiere el ambiente para las personas.

Según el autor *"los efectos principales están en la interacción"*, e identifica cuatro niveles de ambiente ecológico:

1. **Microsistema**: entornos en los que una persona actúa directamente, está caracterizado por tres aspectos: actividades que realizan las personas implicadas; roles o funciones sociales que se ponen en juego; relaciones que mantienen entre sí. Es el complejo de interacciones dentro de un entorno inmediato.
2. **Mesosistema**: comprende las interrelaciones de dos o más entornos en los que la persona actúa activamente (familia-escuela-amigos), es un sistema de microsistemas.
3. **Exosistema**: compuesto por aquellos entornos que no incluyen a la persona en desarrollo como participante activo, pero en ellos se producen hechos que afectan a lo que ocurre en el entorno de la persona (situación laboral de los padres, o la propia televisión).
4. **Macrosistema**: conjunto de creencias, actitudes, tradiciones, valores, ideología, leyes que caracterizan la cultura o subcultura de la persona en desarrollo. Es el más estable y su influencia sobre los otros es importante. Es el sistema cultural del sujeto, sistema ambiental dinámico.

El **binomio entrenador-deportista** se nos presenta pues como la díada principal. Las terceras personas son en nuestro microsistema social los padres principalmente, si bien, a lo largo del proceso de maduración y de socialización del individuo, se dan cambios significativos en la importancia y dirección de las interacciones, por los que los iguales y otros significativos serán los grupos de mayor influencia en el sujeto. Las transiciones dependen conjuntamente de los cambios biológicos y de las circunstancias ambientales, lo que implica una acomodación mutua entre organismo y entorno.

El potencial evolutivo de un entorno varia en la medida en que los roles, las actividades y las relaciones apoyan patrones de motivación y actividad. El medio enriquece a las personas en la medida en que estas reaccionan positivamente; la mera exposición al estímulo no basta por sí misma para estimular cambio y desarrollo, la información de cualquier tipo posee escaso valor por sí misma y sólo es formativa si suscita una respuesta activa y creadora (Jouvenel et al., 1971). Los entornos primarios son los que tienen un potencial evolutivo persistente en motivación y actividad e implican trayectorias de desarrollo más constantes.

El entorno de desarrollo del talento deportivo, está fundamentalmente propiciado por la forma en que el entrenador dispone la situación de entrenamiento. En ese sentido, aportamos resultados de las entrevistas a entrenadores que son significativas sobre estos aspectos: la filosofía de entrenamiento, los valores del entrenador y su motivación intrínseca en relación a su trabajo, son factores determinantes en la mejor disposición del entorno de entrenamiento deportivo. La gran mayoría de entrenadores expertos afirman que su filosofía de entrenamiento es la de sacar el máximo rendimiento de los deportistas, con exigencia y disciplina, pero contando con los competidores; se trata de hacer de ellos buenos deportistas y buenas personas, en donde los valores más transmitidos son el respeto, la humildad, el trabajo y el disfrute de la actividad (Guzman y García-Ferriol, 2002).

Para casi todos los entrenadores expertos, su principal motivación como entrenador reside en la mejora de los deportistas y está ligada a que consigan sus objetivos. Por ello, estos entrenadores expertos sobre todo establecen sus objetivos vinculados y ajustados a los deportistas, de forma consensuada en la mayoría de los casos y a través de objetivos concretos, planificados de forma individualizada. Para los aspectos técnicos a trabajar en la formación de los deportistas, refieren la técnica como lo primordial en la formación de deportistas expertos, y confirman que la capacidad de sufrimiento y entrenamientos extras son la causa de que lleguen a deportistas de alto nivel.

Otros factores clave para llegar a ser élite del deporte son: el trabajo, la madurez mental, disfrutar, el entorno y la perseverancia. Talento deportivo se puede definir, pues, como *"una persona sacrificada, con determinadas condiciones innatas físicas y técnicas, trabajadores, con un deseo enorme de mejorar, que marcan la diferencia con el resto por su mayor compromiso a la tarea, su toma de decisiones, así como por su interés y sentido de una autoexigencia especial"*.

Muchos entrenadores expertos dan, asimismo, importancia a poder conjugar deporte y estudios. Se trata en definitiva de tener una forma de desarrollo con vistas a largo plazo y orientado de forma integral, modelo de desarrollo integral del talento deportivo que proponen Martindale, Collins y Daubney (2005), modelo de identificación y desarrollo eficaz integrado, holístico y sistemático. Se reconocen aquí ciertas etapas con diversas necesidades en las que el sujeto pueda progresar de una forma integral y sistemática. Las etapas clave son las transiciones hacia el deporte de élite y de alto rendimiento deportivo, por lo que parece clara la necesidad de aportar un modelo de proceso de desarrollo de jóvenes talentos a deportistas adultos de élite. Por ello hay que considerar todos los elementos de la situación de entrenamiento que los autores denominan entorno de desarrollo del talento (EDT) (Martindale, Collins, y Daubney, 2005).

Por lo tanto, esta visión a largo plazo debe tener una característica añadida de atención sobre la progresión ya que la habilidad y el aprendizaje alcanzado a una edad temprana no es siempre la misma en todos los sujetos (Oña et al., 1999). No ser bueno en una fase del aprendizaje no tiene una relación directa en otra etapa formativa (Sánchez, 2002).

Un proyecto a largo plazo requiere la coordinación eficaz y la integración de varios factores para asegurar que los jóvenes talentos deportivos alcancen todo su potencial: metodología coherente, proceso de entrenamiento, evaluación, recursos, financiación, competición y estructura del club (Jiménez y Fierro-Hernández, 2002; Leyva, 2003). Proceso complejo donde están implicados un número considerable de personas y estamentos que requiere un planteamiento sistemático. Algunos autores han denominado a esto *"experiencias deliberadas sistemáticas"*, en donde se sugieren entornos de aprendizaje y de entrenamiento ricos en actividades variadas y divertidas, sobre todo en los primeros años de formación deportiva específica y de especialización entre los 13 y 17 años, algo en lo que coinciden otros autores.

En ese sentido, investigaciones sobre modelos integrales de formación de talentos deportivos apuntan la significatividad sobre el entorno educativo, sobre el sistema deportivo y la necesidad de tenerlos en cuenta en el planteamiento de modelos de desarrollo deportivo (Brotons, 2005).

Entorno de club deportivo

El grupo deportivo aparece como una esfera de participación social y de familiaridad constitutiva conjuntamente de procesos de identidad. La solidaridad traduce la participación de cada individuo a la conciencia colectiva de grupo. Por ello, las características de los clubes, su funcionamiento y estructura, son datos muy interesantes para entender el entorno deportivo de los deportistas y el grado de influencia que provoca en ellos. Las organizaciones deportivas como entidades culturales y simbólicas producen sus significados a través de su dimensión estructural, su ámbito cognitivo y su red asociativa (García-Ferrando, Puig, y Lagardera, 1998).

La buena estructura del club puede proporcionar una amplia gama de oportunidades por la variedad de grupos de entrenamiento y aprendizaje en los que haya una diferenciación por las edades y las metas. Esto permite movimiento de los deportistas dentro del microsistema de la organización, de la especialidad deportiva y del propio sistema deportivo. La forma de estructurar el entrenamiento define un clima motivacional contextual. Estos entornos que enfatizan el proceso de aprendizaje, la participación, el dominio de la tarea y la resolución de problemas tienden a fomentar la aparición de una orientación a la tarea. En los entornos de logro, los objetivos de logro gobiernan las creencias sobre el logro y guían de forma consecuente nuestro comportamiento.

El triángulo deportivo formado por entrenadores, deportistas y padres es determinante en el inicio y continuidad de la práctica deportiva de los jóvenes deportistas. En muchos casos el acierto del entrenador en su trato con los padres puede ser definitivo para el éxito del programa deportivo (Smoll, 1991). La persona más significativa en la formación deportiva de los deportistas es, sin duda, el entrenador.

Entorno familiar

Los agentes psicosociales de mayor influencia en la vida del joven deportista son, por tanto, los padres y los entrenadores. La autoestima del deportista se conforma interiorizando las percepciones de estas redes de apoyo social; su mejor o peor adaptación al entorno de la competición deportiva dependerá del desarrollo equilibrado de los procesos cognitivos, sociales y afectivos en su interacción con ese contexto (Pallarés, 1998). Las condiciones en las que se realiza la actividad deportiva de los niños y de los jóvenes dependen mucho del ambiente que generen los padres y los entrenadores, por lo que debe tener el objetivo común de favorecer un clima social y afectivo, adecuado y agradable (Duda, 1995).

La autoestima del deportista se conforma a partir de las interiorizaciones de las percepciones de las redes de apoyo social. Su adaptación al entorno de la competición deportiva dependerá, asimismo, del desarrollo equilibrado de los procesos cognitivos, sociales y afectivos en su interacción con ese entorno (Pallarés, 1998).

La implicación de los padres es una de las claves del buen desarrollo deportivo de los jóvenes talentos, así como la creación de redes eficaces de apoyo donde la cuestión psicológica tiene gran importancia. Investigaciones como la de Kay (2000) concluyen en la importancia del papel de las familias en el desarrollo de los jóvenes deportistas y en la necesidad de que las políticas deportivas identifiquen esta circunstancia en su sistema de desarrollo deportivo. En este sentido la importancia de la familia radica principalmente en que la autoestima del adolescente es modulada sobre todo por el estilo educativo (grado de apoyo, control y comunicación existentes entre padres e hijos) y no tanto por el tipo de cohesión social y tipo de posición social de la familia (Kellerhals et al., 1992; Sánchez, 2002).

Por lo tanto, no tiene que extrañar que, en el factor de entorno familiar los aspectos estructurales no sean significativos para tener mayor o menor nivel de rendimiento deportivo. La profesión del padre y la profesión de la madre, así como los estudios del padre y los estudios de la madre no son variables significativas para el mayor nivel de rendimiento deportivo de sus hijos.

Incluso, de los resultados de diversas investigaciones (Lapuente, 2009) se deduce que ni siquiera la práctica deportiva de cada progenitor, ni su nivel de práctica actual o histórica, condicionan el nivel de rendimiento del deportista. Conclusiones que en todo caso están referidas al ámbito del deporte de alto nivel y en etapas del alto rendimiento y no en períodos de iniciación de práctica deportiva o de iniciación de su deporte.

Una de las posibles razones de ello puede estar precisamente en la riqueza y capacidad del contexto social, en cuanto a generador de igualdad de oportunidades y de la democratización y normalización de posibilidades sociales en todos los niveles. En el marco del entorno de ciudad, a través de una gestión con perspectiva y objetivos de dinamización social e igualdad de las oportunidades, se es capaz de crear las condiciones sociodeportivas necesarias, neutralizando variables condicionales de estructura familiar (Lapuente, 2007). Es decir, lo que realmente tiene peso en el desarrollo de los niños y jóvenes, deportistas o no, son las relaciones que se establecen dentro de la familia, las funciones que ésta desempeña y cómo realiza esta función, no tanto su estructura familiar (Menéndez, 2001).

El desarrollo psicológico y por tanto el óptimo desarrollo deportivo, se ve perjudicado cuando las condiciones que rodean al núcleo familiar incluyen aspectos de relaciones emocionales y afectivas alteradas, así como ausencia o escasez de apoyo familiar, factores de riesgo que aparecen en las familias independientemente de su composición o estructura. Si la dinámica de la familia incluye relaciones estables, ambiente variado pero regular y predecible, interacciones estimulantes, etc., las medidas de desarrollo de los niños y niñas que en ellas crecen serán similares, independientemente de la estructura que tenga la familia (Gano-Overway, 2001).

Los padres y madres pueden ayudar a sus hijos en la mejor relación con su actividad, explicándoles y responsabilizándoles de la tarea que van a hacer, implicándoles en la decisión de comenzar la actividad, transmitiéndoles el esfuerzo que hace la familia en tiempo y coste de la actividad, ser modelo de comportamiento tanto en casa como en el lugar de realización de la actividad deportiva y colaborando con el club deportivo en cuestiones organizativas o en tareas similares, etc. La familia es parte de los clubes deportivos.

Los padres pueden y deben dar consejos a sus hijos, siempre en privado, reforzando la figura y autoridad del entrenador; no hay que confundir al joven con mensajes contradictorios y tiene que quedar clara la parcela profesional de cada parte (Boixadós et al., 1998).

A su vez, el entrenador debe conocer el modo en que los factores extradeportivos influyen en la motivación o desmotivación del deportista y como contribuyen a aumentar o reducir las posibilidades del éxito deportivo en los deportistas. Se hace imprescindible una dosificación y gestión adecuada de estos factores para que no pongan en peligro la trayectoria deportiva de jóvenes deportistas donde la excelencia deportiva tiene que tratarse como criterio supremo de calidad que se logra tras una trayectoria impecable y un reconocimiento internacional (Marco, 2003).

Sólo cuando los objetivos se presentan de forma clara conjuntamente con las posibilidades, el refuerzo y las recompensas quedan asociados a las expectativas de resultado y a la motivación. Esto justifica el desarrollo de sistemas coherentes en los distintos niveles de formación del deportista donde el refuerzo es claro y constante.

El desarrollo del deportista no se producirá a menos que sea valorado por la sociedad y reconocido y consolidado por los padres, los entrenadores y los entrenadores. La transición ecológica entre los microsistemas que conforman mesosistemas es una de las claves de la socialización (Granada, 2003).

Dentro del enfoque de la ecología del desarrollo humano, la configuración y mantenimiento de la calidad de los microsistemas es vital para la calidad de vida presente y futura de la sociedad. Las diadas primarias y afectivas, los cambios de roles entre los sujetos y la variedad, oportunidad y continuidad de actividades que vinculan a sus actores se convertirán en objeto de especial importancia (Bronfenbrenner, 1987; Gutiérrez, 2000).

Los aspectos psicosociológicos del deporte no se entienden ni se comprenden en su totalidad sin el contexto histórico y social en el que se desenvuelven.

2. Necesidades psicológicas de los deportistas de alto rendimiento

2.1. CARACTERÍSTICAS DE LA ALTA COMPETICIÓN

El deporte de alto nivel, o alta competición, conlleva inherentemente un grado de exigencia de rendimiento físico-deportivo que sobrepasa el mero hecho de la habitual práctica deportiva. En este sentido las exigencias físicas y técnicas requieren una mayor demanda del resto de los aspectos del deportista (sociales, psicológicos, de comunicación, etc.) de tal manera que hacen de la práctica deportiva una profesión de alto riesgo en donde solo unos pocos llegan a conseguir el objetivo final.

La competición deportiva reúne, por tanto, unas condiciones específicas, en muchos casos de índole estresante o motivante, que afectan al funcionamiento del deportista

Las medidas que pueden propiciar el control de estas características de la competición, están en tres grandes apartados:

1. Entrenamiento adecuado de habituación y enfrentamiento a las circunstancias presentes en la competición
2. Entrenamiento en habilidades psicológicas de autorregulación
3. Aplicación de estrategias ambientales en el entorno de la propia competición

2.2. PRINCIPALES NECESIDADES PSICOLÓGICAS DEL ENTRENAMIENTO DEPORTIVO

El deporte de competición exige el máximo rendimiento a los deportistas. Sus posibilidades aumentan cuando el entrenamiento sistematizado se dirige a la adquisición, perfeccionamiento y consolidación de recursos eficaces que optimicen las posibilidades en competición. Sea en la iniciación deportiva o en el alto rendimiento, la preparación mental y psicológica para estar en las mejores condiciones socio psicológicas que deriven en las mayores aportaciones técnico-tácticas, de aprendizaje, de diversión y de sentido de equipo, son tan interesantes como necesarias.

La psicología del deporte, en este sentido, es la rama de la psicología que estudia los procesos psíquicos y la conducta de los deportistas durante la actividad deportiva y procura el mejor soporte del proceso de su desarrollo. Esta ciencia aplicada busca conocer y optimizar las condiciones internas del deportista para lograr la expresión del potencial físico, técnico y táctico adquirido en el proceso de rendimiento deportivo global.

Rendimiento deportivo referido tanto a la asimilación de información, la ejecución de conductas y el desarrollo de hábitos para la ampliación de los recursos de los deportistas, como a la puesta en práctica de forma eficaz de los recursos disponibles, en función de las demandas específicas que se plantean en cada momento concreto de la competición.

Por todo ello, es tan significativo mejorar y poner a punto en el entrenamiento y la competición la condición física, la condición técnica, la condición táctico-estratégica como la condición psicológica. El rendimiento en el entrenamiento se refiere a la asimilación de información, la ejecución de conductas y el desarrollo de hábitos para la ampliación de los recursos de los deportistas.

El rendimiento en la competición, implica la puesta en práctica de forma eficaz de los recursos disponibles, en función de las demandas específicas que se plantean en cada momento concreto.

Los principales objetivos a mejorar y poner a punto en el entrenamiento para la competición son la condición física, la condición técnica, la condición táctico-estratégica y la condición psicológica.

En el trabajo con deportistas de alto rendimiento no se debe perder la perspectiva global de la interacción de todos los especialistas que tienen que ver con la preparación del deportista (médicos, fisioterapeutas, psicólogos, masajistas, entrenadores, otros preparadores, etc.) ya que esta forma es la que determina el funcionamiento eficaz en la competición.

La aportación de la psicología deportiva a la mejora y puesta a punto de las condiciones técnica, táctica y física, es muy significativa y en muchos su entendimiento y adecuación marca en muchos casos la diferencia entre los deportistas que compiten y los buenos competidores.

La definición, pues, más apropiada de psicología del deporte, desde nuestro punto de vista es la aportada por Lorenzo (1997): "especialidad de la psicología científica que investiga y aplica los principios del comportamiento humano a las materias concernientes a la práctica del ejercicio físico y del deporte".

Esta especialidad no se limita al estudio del rendimiento, las destrezas psicomotoras o la personalidad del practicante, sino que se interesa por todos los aspectos psicológicos   presentes en la práctica deportiva (inteligencia, voluntad, pensamientos, sensaciones, emociones, etc.) y por las interacciones pueden tener lugar entre ellas.

Otro concepto significativo es el de pedagogía del deporte, que es la ciencia que estudia la metodología y las técnicas que se aplican a la enseñanza y la educación en el ámbito del deporte. La pedagogía deportiva, relaciona la ciencia del movimiento con los factores culturales y personales asociados a la locomoción. Concepto unido inherentemente al de didáctica o parte de la pedagogía que estudia las técnicas y métodos de enseñanza.

Por último, un término necesario es el de método, definido como procedimiento ordenado y sistemático de proceder para llegar a un resultado u objetivo.

La aportación de la psicología deportiva a la mejora y puesta a punto de las condiciones del deportista es muy determinante y en muchos casos la diferencia entre los deportistas que "sólo" compiten y los buenos competidores.

El entrenador es, con todo, el responsable de organizar, preparar y dirigir a sus deportistas, para que en función de los objetivos se obtenga el máximo beneficio. En los clubes es la figura central que dirige todo el trabajo del equipo de profesionales que de forma interdisciplinar figuran o deberían figurar en las entidades deportivas. Debe ser el que coordine al médico, preparador físico, psicólogo deportivo, fisioterapeuta, directivos, coach, etc., de tal forma que todos tengan una visión común de la metodología y objetivos generales del entrenamiento y de la competición.

Ha quedado del todo demostrado (Lapuente, 2005) que el entrenador no es suficiente sólo que tenga conocimientos de su deporte, debe ser capaz también de:

- motivar a sus deportistas
- comunicarse eficazmente con ellos
- tomar decisiones trascendentes
- orientar y coordinar los esfuerzos individuales
- negociar con los deportistas
- solucionar conflictos
- evaluar con objetividad

- tener relación óptima con directivos y padres de competidores
- actuar con sistemática

Todo ello requiere del entrenador un funcionamiento psicológico apropiado:

- dominar conceptos y estrategias psicológicas
- tener autocontrol de su propio funcionamiento psicológico
- responsabilidades del entrenador
- elegir a los deportistas para competiciones en equipo
- establecer los objetivos deportivos (a veces junto con los propios deportistas)
- establecer normas de funcionamiento interno de equipo
- asignación de roles y funciones a determinados deportistas
- tener en cuenta el calendario de competiciones
- planificar, conducir y evaluar el entrenamiento deportivo
- diseñar y preparar la estrategia a seguir en cada partido
- dar instrucciones antes y durante el partido
- evaluar el rendimiento de los deportistas

En muchas ocasiones el entrenador está sometido a una evaluación y crítica constante desde distintos ángulos: deportistas, directivos, prensa, seguidores, etc. Estas circunstancias pueden provocar en el entrenador una inestabilidad y una indefensión permanente que dificulta su trabajo.

La preparación pues, que deben tener los entrenadores en los aspectos psicológicos se basará en:

- Conocer las variables psicológicas relevantes y las estrategias para su control
- Dominio de habilidades específicas
- Asesoramiento y formación continua por parte del psicólogo deportivo
- Habilidades para autocontrol personal

En líneas generales el entrenador puede optimizar su rendimiento personal con las pautas de funcionamiento siguientes:

- Plantear objetivos a largo, medio, corto plazo e inmediatos tanto para el entrenamiento como para la competición
- Elaborar la planificación adecuada a esos objetivos
- Planificar el tiempo de los deportistas y el suyo propio
- Conocer y controlar las situaciones estresantes de su profesión
- Preparación para rendir en la competición
- Autoobservar y autoevaluar su nivel de activación antes, durante y después de la competición
- Dominar la autorregulación de su nivel de activación
- Tener estrategias para autocontrolar la atención
- Desarrollar habilidades de comunicación
- Dominar las habilidades de dirección
- Incorporar el análisis funcional a su método de evaluación
- Evaluar su propio rendimiento como entrenador

El funcionamiento eficaz del entrenador dependerá en gran medida del uso sistemático de estas habilidades. Por lo tanto, parece claro que la primera tarea de un entrenador es determinar las características de sus deportistas y sus prioridades.

Trabajo psicológico del entrenador:

- Tiene un cometido a parte y distinto al del psicólogo deportivo y/o coach, incorporando determinadas estrategias psicológicas a su método de trabajo.
- La evaluación psicológica por parte del entrenador se centrará en la conducta observable, utilizando el análisis funcional, registros observacionales y técnicas de entrevista.
- Utilizará estrategias de intervención como el modelado y las técnicas operantes.
- Manejara la motivación y la autoconfianza o el estrés, según pretenda aumentar o disminuir la activación positiva o negativa.

2.3. COMPETENCIAS DEL DEPORTISTA

Las competencias son las características personales que se ha demostrado tener una relación con el desempeño sobresaliente en un cargo/rol determinado en una organización en particular. Las competencias tienen un carácter holístico e integrado.

Las competencias se componen e integran de manera interactiva con conocimientos explícitos y tácitos, actitudes, valores y emociones, en contextos concretos de actuación de acuerdo con procesos históricos y culturales específicos. Las competencias se encuentran en permanente desarrollo. Su evaluación auténtica debe ser continua, mediante la elaboración de estrategias que consideren el desarrollo y la mejora como aspectos que integran el desempeño de una competencia. Las competencias se concretan en diferentes contextos de intervención y evaluación.

El desarrollo de las competencias, pues, así como su movilización, debe entenderse como un proceso de adaptación creativa en cada contexto determinado y para una familia de situaciones o problemas específicos. Las competencias se integran mediante un proceso permanente de reflexión crítica, fundamentalmente para armonizar las intenciones, expectativas y experiencias a fin de realizar la tarea docente de manera efectiva.

En el ámbito deportivo, las competencias varían en su desarrollo y nivel de logro según los grados de complejidad y de dominio, ya que las competencias asumen valor, significatividad, representatividad y pertinencia según las situaciones específicas, las acciones intencionadas y los recursos cognitivos y materiales disponibles, aspectos que se constituyen y expresan de manera gradual y diferenciada en el proceso formativo del deportista.

Las competencias se desarrollan e integran mediante procesos de contextualización y significación con fines de aprendizaje para que un gesto técnico susceptible de enseñarse se transforme en una adquisición y, por lo tanto, esté disponible para que sea movilizado por los deportistas durante su competición. Las competencias deben entenderse desde un enfoque sistémico como actuaciones integrales para resolver problemas del contexto específico competitivo.

Como conclusión, entonces, podemos decir que las competencias son un conjunto articulado y dinámico de conocimientos, habilidades, actitudes y valores que toman parte activa en el desempeño responsable y eficaz de una actividad dentro de un contexto determinado, como es el deporte.

Por su parte, las creencias de las propias capacidades, influyen en el modo de pensar, de sentir, motivarse y actuar de las personas. Ello hace que la percepción competencia sea determinante para la eficacia personal del individuo. La confianza en afrontar los retos con posibilidades de éxito está determinada por esa percepción de eficacia y nosotros como entrenadores con gran influencia sobre el deportista debemos propiciar los microcontextos y situaciones de éxito que faciliten la mayor percepción de eficacia personal competencial.

"Ningún aspecto del conocimiento de la persona influye tanto como la opinión que se tenga de la eficacia personal"

Bandura

Por esto la autoconfianza se procurará aumentar a través de generar en el individuo recursos suficientes para crear una imagen más positiva y eficaz. La autoconfianza es la confianza que se tiene en los propios recursos, pero para ello, estos recursos deben ser consistentes y percibidos por el sujeto de la mejor manera.

Ello aumentará necesariamente la autoeficacia o convicción que se tiene en poder ejecutar la conducta requerida, algo determinante para la conducta de ejecución y para la creación de nuevas conductas técnicas.

El autoconocimiento entonces se puede definir:

1. En cómo pensamos y sentimos
2. En cómo veo el mundo
3. En proceso de cambio
4. En leer la realidad

Nuestra visión de la vida, condiciona nuestra conducta, por lo que hay que potenciar el autoconcepto, sumado a la autoestima, para que el autoconocimiento sea más ajustado. El autoconcepto es el propio sentido de la identidad, la percepción que se tiene de uno mismo. La autoestima es una valoración. Tiene que ver con la aceptación de sí mismo, con quererse y aceptarse con sus cualidades, defectos y limitaciones, con hacerse respetar, con la seguridad y confianza en sí mismo para salir adelante en la vida y afrontar retos. La autoestima es un juicio de valor que haces acerca del propio valor y de tu competencia en diferentes dominios.

Por todo lo anterior es tan importante realizar un diagnóstico de nuestra situación: entorno, comunicación no verbal y paralenguaje. Saber escuchar: percepción, atender a distracciones, evaluar todos los contextos donde estamos inmersos. Y saber preguntar en forma, vocabulario y estructura.

En última instancia el sentir, donde cobran especial importancia la empatía (ponernos en lugar del otro) y el conocernos a través de la otra persona para qué la inteligencia emocional se potencie en nosotros y así aprender a identificar nuestros estados de ánimo y responsabilizarnos en mejor medida de ellos.

La mayor y mejor generación de competencias del deportista hacen necesaria la metodología desde la psicología y el coaching, así como enmarcarlo dentro de la inteligencia emocional.

Inteligencia emocional para:

- Autoconocimiento
- Establecimiento de límites
- Para mejorar mis relaciones interpersonales desde la empatía y la asertividad
- Entendimiento de/con los demás
- Para ser capaz de expresar de la mejor manera mis sentimientos
- Para qué la inteligencia emocional
- Para aprender a identificar mis estados de ánimo y responsabilizarme de ellos
- Autoconocimiento
- Establecimiento de límites
- Para mejorar mis relaciones interpersonales desde la empatía y la asertividad
- Entendimiento de/con los demás
- Para ser capaz de expresar de la mejor manera mis sentimientos
- Comunicación

Los objetivos que se persiguen en el deportista con la implantación de la inteligencia emocional son:

- Tener relaciones positivas
- Conocer cuáles son las emociones y reconocerlas en los demás
- Tomar decisiones responsables
- Modular y gestionar la emocionalidad. Clasificar sentimientos, estados de ánimo.
- Desarrollar la tolerancia a la frustración.
- Desarrollar la tolerancia a la demora. Saber esperar. Tener paciencia
- Adoptar una actitud positiva ante la vida.
- Adquirir escucha activa y empatía
- Saber resolver conflictos
- Tener asertividad

2.4. VARIABLES PSICOLÓGICAS RELACIONADAS CON EL RENDIMIENTO DEPORTIVO.

Son numerosas las variables psicológicas relacionadas con el rendimiento deportivo citadas por diversos autores:

- Buceta, Gimeno y Pérez-Llantada (1993) en el Cuestionario de Características Psicológicas relacionadas con el Rendimiento Deportivo (CPRD): control del estrés, influencia de la evaluación del rendimiento, motivación, habilidad mental y cohesión de equipo.
- Harris y Harris (1992): la ansiedad, concentración, atención, control de la imaginación, control del pensamiento, motivación, comunicación.
- Cox (1985, 2002): la motivación, autoconfianza, arousal-ansiedad, atenciónconcentración, estado de ánimo, cohesión.
- Weinberg y Gould (1995, 2003): la regulación del arousal, visualización, autoconfianza, establecimiento de objetivos-motivación, concentración.
- Riera (1985): la ansiedad, la confianza, la atención y la emoción (control de la activación)
- Para Guillén (2003) son dirección de la energía mental, control del estrés, imaginación, atención, establecimiento de objetivos.
- Pérez Recio (1989) establece la motivación, control de la tensión, control del estrés, concentración, habilidades de comunicación, modificación de conductas.

Buceta, J.M. en *"Cuestiones actuales en la aplicación de la psicología al deporte de competición"* destaca como más relevantes:

- La motivación y constancia del deportista por su actividad
- El estrés competitivo y psicosocial como estado de alerta, como ansiedad, hostilidad o agotamiento psicológico.
- La auto-eficacia o auto-confianza en sus propios recursos para hacer frente a las demandas de los entrenamientos y la competición, con repercusiones en su
- autoestima.
- El control del nivel de activación adecuado para cada situación.
- Toma de decisiones y agresividad
- Su capacidad de atención y concentración, para detectar e interpretar las demandas de cada situación y tomar las decisiones oportunas, atendiendo a los estímulos más relevantes en cada momento.

- Controlar y dirigir adecuadamente el pensamiento durante la competición, facilitando los pensamientos "positivos", y tratando de evitar o de desviar los "negativos" para que no entorpezcan su ejecución durante la competición.
- Aspectos relacionados con las relaciones interpersonales y cohesión grupal (asunción de roles, dinámica de grupo, liderazgo, etc.)

Teniendo en cuenta las particularidades del deporte del deporte (ciclo competición entrenamiento; objetivos deportivos, trascendencia social de los resultados, situación particular, etc.) podemos plantear las necesidades psicológicas de nuestros deportistas, que van a constituir las variables psicológicas sobre las que intervenir para potenciar su rendimiento y capacidad competitiva:

- Motivación y establecimiento de objetivos
- Factores de personalidad
- Estilo atribucional
- Estrés psicosocial y competitivo
- Auto-confianza o auto-eficacia; Autoestima y estado de ánimo
- Control y manejo de emociones (ansiedad, estrés, miedo, nivel de activación, control de la agresividad),
- Manejo de la atención y de la concentración
- Toma de decisiones
- Relaciones interpersonales y comunicación y la cohesión de equipo,
- Influencia de la evaluación en el rendimiento.
- Habilidad mental (fortaleza mental) control y dirección del pensamiento
- Control de la imaginación y visualización

Factores cognitivos, emocionales y afectivos a analizar

a) actitud ante el éxito o la derrota. Estilo atribucional
b) reacción ante los errores. Esquemas cognitivos
c) cosas o situaciones hacen que el deportista pierda el control
d) emocional. Autocontrol
e) frecuencia de las mismas. Adaptación al estrés
f) esfuerzo, interés y dedicación se da en el entrenamiento. Actitud y autoconfianza
g) tipo de comunicación y relación se da entre los compañeros de equipo. Integración y abierto al grupo
h) capacidad para asumir retos. Determinación
i) autoconfianza en sus capacidades

Aspectos psicológicos del deporte de alto rendimiento

Atribución: procesos y consecuencias. Teoría de la atribución causal.

El papel de las atribuciones en el rendimiento:

- Deportistas con tendencia hacia el éxito tienden a atribuirse el éxito a sí mismos y el fracaso a la falta de esfuerzo que han realizado.
- Deportistas con tendencia a evitar el fracaso atribuyen el éxito más a factores situacionales que personales, mientras que en el fracaso ocurriría todo lo contrario.

a) Locus de causalidad estabilidad interna externa
b) Variable-invariable
c) Controlabilidad
d) Controlable-incontrolable

Los resultados. En general en las derrotas las atribuciones externas no sirven para fortalecer la autoconfianza, pero en ocasiones pueden útiles para preservarla, sobre todo cuando el equipo debe recuperarse con rapidez para un partido próximo y es conveniente aliviar las reacciones emocionales negativas que pueden acarrear las atribuciones internas.

Actuación del entrenador para influir en las atribuciones de sus deportistas:

1. Propiciar atribuciones internas, específicas, inestables y controlables en los resultados positivos sirve para fortalecer su autoestima. En el caso de resultados negativos, sirve para que perciban cierto grado de control
2. Acentuar la trascendencia real de los datos que favorezcan las atribuciones deseadas.
3. Es necesario analizar sólo las conductas observables

- Resultados positivos: Fortalecimiento de la autoconfianza, si los deportistas perciben que han contribuido al éxito.
- Resultados negativos: pueden también contribuir al fortalecimiento de la autoconfianza, si los deportistas perciben un control razonable de las situaciones del partido en las que su rendimiento haya sido deficiente.

Estrategias:

- No globalizar el fracaso a toda la actuación colectiva o individual, sino limitarla a parcelas del juego.
- Identificar y comprender bien las causas del mal resultado.
- Conductas disponibles a utilizar en el futuro para minimizar la posibilidad de nuevas derrotas.

Si se es eficaz, el equipo crece y se fortalece psicológicamente durante la temporada:

- **Sesgos y errores atribucionales. Tendencias confirmatorias**
  - o La persona tiende a confirmar las expectativas previas
- **Tendencias egocéntricas**
  - o El deportista tiende a sobrevalorar su contribución a un logro respecto a los demás
- **Error fundamental**
  - o Supone sobreestimar la importancia de los factores disposicionales y subestimar los situacionales o ambientales
- **Falso consenso**
  - o Tendencia de los sujetos a sobrestimar la medida en que sus expectativas y juicios son compartidos por otras personas.

Cómo manejar los sesgos o errores atribucionales

- Error fundamental: permitiéndolo cuando esto suponga un aumento de la autoestima y la motivación de logro.
- Falso consenso: reflejar cuando suponga autoengaño.
- Sesgo ego-protector: reflejar cuando suponga un estancamiento del deportista.
- Estilo atribucional insidioso: procurando atribuciones que dejen a la persona alguna controlabilidad, que eviten el desánimo y la impotencia.

Autocontrol del deportista

Es algo común en los deportistas competidores, sean de élite o no, referirse a diversos factores presentes en la competición o en el entrenamiento como las causas de una mejor o peor realización de una competición deportiva.

Así sabemos de algún deportista que realizó una mala acción por tener demasiado estrés; o que un compañero nos lleva toda la semana diciendo que tiene poca motivación en el entrenamiento por tal o cual razón; o por el contrario un deportista con una elevada motivación ante una competición determinada aumentará su nivel de activación y podrá ajustar su estado de alerta y competir en mejores condiciones.

Características de los competidores de alto rendimiento:

- Exigencias cada vez mayores
- Mayor especialización
- Igualdad técnica y física
- Tendencia a la profesionalización
- Riesgos por depresión, lesión, abandono, olvido.
- Cuidados diarios de higiene, alimentación, etc.

En suma, los deportistas interactúan permanentemente con las situaciones ambientales que les rodean, por lo que se producen múltiples reinterpretaciones y transformaciones de dichas situaciones con diversos efectos sobre las variables que estudiamos.

La motivación

La motivación tiene una influencia decisiva, tanto en el entrenamiento como en la competición, y determina en gran medida la continuidad y la calidad de su participación ya que facilita que el organismo de los deportistas se encuentre alerta, física u mentalmente, para poder afrontar con éxito las demandas concretas de ambos contextos. De la motivación dependen cuestiones tan importantes como el interés para afrontar algunos entrenamientos, y el espíritu de lucha ante múltiples dificultades a superar.

La motivación en el deporte de competición

En el deporte de competición, el principal objetivo de la motivación es el conseguir el máximo rendimiento deportivo. En este sentido existen varias clasificaciones de la motivación:

A. La motivación básica: determina el compromiso del deportista con su actividad. Tiene que ver con el interés y ambición de los deportistas por los resultados deportivos, su rendimiento personal y las consecuencias beneficiosas de ambos.

B. La motivación cotidiana: se refiere al interés del competidor por la actividad diaria y la gratificación inmediata que produce por sí sola. Tiene relación con el rendimiento personal cotidiano y el disfrute de la actividad y las circunstancias que la rodean. Un deportista además de estar motivado por las competiciones, debe apetecerle realizar actividades complementarias como gimnasio, paseos, estiramientos, etc.

En momentos críticos para la motivación básica (perspectiva de futuro de los posibles logros) la motivación cotidiana puede ayudar a superar esos momentos. Por el contrario, cuando la actividad diaria no propicia el entusiasmo y el interés necesario, una buena motivación básica eleva la tendencia cotidiana al esfuerzo y la superación.

a) La motivación intrínseca: es la que viene de dentro de la persona y no depende de reforzadores de la propia actividad

b) La motivación extrínseca: depende fundamentalmente de reforzadores externos (premios, aplausos, dinero, etc.) los deportistas que dependen en exceso de esto son más vulnerables a que su motivación pueda bajar.

Algunas pautas para la motivación en los competidores de deporte

- Considerar también la situación extradeportiva del competidor
- Valorar los costes de participar en competiciones
- Incentivar apropiadamente y de forma individualizada
- Motivarle sólo por objetivos alcanzables
- Motivar por objetivos amplios, a largo plazo, pero con etapas intermedias de logro
- Comunicarse con los deportistas y elegir los momentos de la temporada más adecuados para trabajar la motivación

La motivación en el entrenamiento

En el entrenamiento el deportista debe afrontar numerosas exigencias que pueden resultar más llevaderas con una buena dosis de motivación. Asimismo, la cantidad de sesiones que debe realizar de forma diaria le obligan a sacrificar cosas de su vida cotidiana. Por tanto, una buena dosis de motivación básica, estable por los logros y sus consecuencias, junto a una motivación más específica, centrada en la tarea, en lo cotidiano, y en el disfrute por la actividad diaria es la combinación más apropiada para conseguir el máximo rendimiento.

La motivación en la competición

En la competición, la motivación de los deportistas, debe ser elevada para afrontar y superar con éxito los múltiples momentos difíciles que surgen, pero con el correcto control para que no provoquen un efecto contrario que perjudique el rendimiento (exceso de activación, falta de concentración, falta de ajuste del ritmo, etc.)

El estrés

El estrés es la respuesta del organismo de movilización de recursos fisiológicos y psicológicos para poder hacer frente a situaciones externas e internas que resultan amenazantes. Es por tanto una respuesta adaptativa que puede resultar beneficiosa para la salud.

Cuando el organismo percibe la presencia de una situación amenazante, se pone en estado de alerta y busca los recursos necesarios para hacer frente a tal demanda. Si no se dispone de estos recursos aparecerán reacciones como la ansiedad, ira incontrolada, depresión o/y agotamiento psicológico.

La puesta en funcionamiento de recursos para controlar estos efectos, supone la movilización de un extra de energía física y mental que en algunos casos estabilizará al organismo, pero en otros el desgaste de energía agotará inevitablemente el rendimiento en la competición y tal vez la salud.

Situaciones potencialmente estresantes en el deporte de competición:

- Situaciones ajenas al entrenamiento y la competición
- Incertidumbre respecto al futuro (sueldo, becas, estudio)
- Incertidumbre respecto a la renovación de contratos o ayudas económicas
- Adaptación a vivir fuera de su entorno (colegios, costumbres, amistades, idioma)
- Estilo de vida atípico (viajes, muchas competiciones, fuera de la familia)
- Hablar con los medios de comunicación
- Relación con directivos y clubes
- Deficiente relación con el entrenador
- Presión familiar (comparaciones, exigencias desproporcionadas)
- Grado de responsabilidad del competidor (con el club, con la competición, con la afición, con tu país)

Situaciones estresantes del entrenamiento deportivo:

- Ambiente de trabajo negativo (club, compañeros, instalaciones)
- Cargas de trabajo que tiene que soportar (cuantitativas y cualitativas)
- Monotonía en las tareas a realizar y tipo de entrenamiento
- Pobre comunicación con entrenador y compañeros

El entrenador y el profesional de la psicología deportiva o coaching deben tener en cuenta estos factores adecuando el entrenamiento para favorecer el control de esta carga mental organizando sus recursos y disponiendo en ellos nuevas habilidades en la conducta del deportista. Es decir, hacerse más fuertes psicológicamente mejorando sus posibilidades de rendimiento mental y por lo tanto de rendimiento deportivo. El sobre-esfuerzo se puede y se debe entrenar.

Situaciones estresantes de la competición deportiva:

- La posibilidad de fracasar en una competición concreta
- Valoración que el competidor recibe del exterior (tanto positiva como negativa) antes o/y después de la participación.
- Expectativas desajustadas (subjetividad en conseguir marcas o puestos)

No obstante, el estrés en sí mismo no es ni bueno ni malo; es algo con lo que debemos contar y que debemos controlar en la dirección adecuada para nuestro rendimiento en la competición. De esta manera el estrés pre-competitivo puede ser beneficioso si se controla convenientemente.

Gracias a este estrés el competidor estará más alerta y motivado por el reto inminente y también favorecerá el respeto sobre el potencial de los rivales. A partir de aquí si el estrés aumenta considerablemente, llegará un momento en que dejará de ser beneficioso para convertirse en perjudicial.

El estrés perjudicial coincide con la activación de creencias, valores y actitudes más estables en la persona que propician una visión sesgada de la realidad y por tanto de las experiencias que nos pueden provocar estrés y de los propios recursos disponibles, haciendo ineficaz nuestra capacidad de afrontamiento.

El estrés post-competitivo tiene que ver con la mala valoración que se realizan de las competiciones. Por ello habrá que elegir el momento más oportuno para realizar la evaluación y de la manera más objetiva posible para que el análisis sea más productivo.

El afrontamiento activo, la búsqueda de soluciones racionales, el autocontrol, y la re-evaluación positiva reducen claramente la vulnerabilidad ante focos de estrés.

Autoconfianza

Es la confianza que un deportista tiene en sus propios recursos para alcanzar el éxito deportivo. Tiene que ver con una expectativa realista respecto a lo que uno puede verdaderamente hacer para conseguir un determinado objetivo. Se trata de un estado interno que implica un conocimiento de:

- las dificultades a superar
- los recursos propios para hacerlo
- las posibilidades que se tienen para conseguirlo
- las estrategias más útiles

La autoconfianza conlleva por tanto percepción de control de las posibilidades y limitaciones del competidor.

El deportista con autoconfianza

- Conoce sus posibilidades y percibe la competición de forma menos amenazante
- Controla mejor el estrés precompetitivo
- Se centra en la realización de conductas útiles antes, durante y después de la competición
- Mantiene mejor su equilibrio emocional
- Se recupera mejor de las malas actuaciones y resultados
- Saca conclusiones más útiles de cara al futuro

No obstante, un exceso de autoconfianza puede resultar perjudicial por creerse el deportista con los recursos suficientes, descuidando aspectos importantes de su preparación.

Autoconfianza y rendimiento en la competición deportiva

El rendimiento en la competición, depende en gran medida de la autoconfianza. Esta debe estar presente en los días y momentos anteriores al inicio de la competición, de forma que el deportista comience en las mejores condiciones posibles, manteniéndose hasta la finalización de la competición.

Conseguir los objetivos que uno se propone previamente, tiende a aumentar la percepción de control y a fortalecer la autoconfianza, por lo que la relación entre expectativas y logros es muy importante. Habrá entonces que:

- Definir con claridad el objetivo
- Marcar el plazo para conseguirlo

- Plantear objetivos intermedios

Esto plantea la necesidad de que el entrenador trabaje no sólo con objetivos de resultado (marca, puesto) sino además con objetivos de realización, centrados en la ejecución o realización de la conducta.

Parece claro entonces, que para aumentar la autoconfianza en algunos competidores (competidores inexpertos, competidores con baja autoconfianza, etc.) conviene centrarse en objetivos de realización durante algunas participaciones en competición, para retomar objetivos de resultado para otros momentos.

Nivel de activación

Es una respuesta fisiológica y cognitiva, determinada por la motivación o el estrés. El nivel de activación influye en los dos aspectos centrales del rendimiento deportivo:

- la toma de decisiones
- la ejecución motora

Afectando al funcionamiento mental y físico de los deportistas. Su control constituye uno de los objetivos fundamentales, tal vez el más importante, en la intervención psicológica para la competición.

El extremo inferior a la activación corresponde a un estado de máxima calma y relajación en el que el estado de alerta, la tensión y la excitación se encuentran prácticamente ausentes. A partir de estos conceptos y de la experiencia propia, cada deportista puede utilizar un "termómetro" o escala subjetiva entre 0 y 10 puntos, para delimitar y cuantificar su propia activación: el 10 reflejará el máximo estado de alerta y el 0 la máxima relajación.

Tanto la ausencia de activación como la activación demasiado elevada perjudicarán el rendimiento, mientras que un cierto nivel de activación lo favorecerá notablemente. La práctica continuada de los deportistas, autoevaluando su propia activación, desarrollará una habilidad para identificarla y cuantificarla con la fiabilidad apropiada.

De todas formas, el nivel de activación óptimo para rendir mejor no será necesariamente el mismo siempre; sino que dependerá de la situación, tarea a realizar, toma de decisiones, nivel de atención requerido, etc., de tal forma que el deportista debe aprender a identificar el nivel más apropiada en su caso particular.

La activación también puede medirse de forma objetiva a través de variable psicofisiológicas (tasa cardiaca) estableciendo una relación concreta del nivel de activación a través de estas medidas.

La activación puede manifestarse de distintas formas:

- Manifestaciones psicofisiológicas (tensión muscular, tasa cardiaca) (a través de aparatos)
- Manifestaciones conductuales directamente observables (impulsividad en acción, aceleración de voz, etc.)
- Manifestaciones cognitivas o actividad mental encubierta (pensamientos, imágenes, auto diálogos internos, etc.)

Activación positiva y activación negativa

De las formas de manifestación apuntadas anteriormente destacaremos y trabajaremos con las psicofisiológicas y las manifestaciones mentales.

Decir en este sentido, que la ansiedad conlleva activación, pero la activación puede conllevar de forma positiva un aumento de la motivación e interés por el reto o/y la hostilidad. Esto es, la activación negativa y la activación positiva.

La activación negativa suele estar propiciada por:

- el miedo al fracaso
- la incertidumbre del resultado
- dudas del propio rendimiento
- insatisfacción y frustración durante la competición

Tanto la activación negativa como la positiva pueden ser beneficiosas o perjudiciales para el rendimiento, por exceso o por defecto, según las circunstancias en que los deportistas tienen que rendir.

Con la activación negativa generamos mayor estado de alerta y atención con mayor facilidad, pero también estamos expuestos a pasarnos y rebasar la línea que lleva al estrés perjudicial.

Con la activación positiva está determinada por la motivación y la autoconfianza aumentamos la activación de forma más segura, aunque más lentamente. Las dos formas son necesarias en la competición por lo que deberemos entrenarlas para su correcta utilización.

Factores de influencia del nivel de activación

- **Sobre la atención:**

  Como ya se ha dicho, un aumento del nivel de activación favorece que se produzca una mayor selectividad atencional, lo que contribuye a que el deportista centre su atención en los estímulos más relevantes para realizar su tarea (realización más eficaz)

- **Sobre la toma de decisiones y la interpretación de la información:**

  La activación elevada puede bloquear mentalmente al deportista, dificultando la toma de decisiones o, por el contrario, acelerarles tomando determinaciones impulsivas e incorrectas.

- **Sobre la tensión muscular y la movilización de energía física:**

  Una tensión mayor o menor que la apropiada en cada músculo y para cada tarea perjudicará la ejecución y por tanto el rendimiento. En cuanto al grado de tensión muscular, deberemos utilizar la dosis apropiada de energía en cada momento.

  En algunos casos, la movilización de una dosis elevada de energía resulta fundamental, pero en determinados momentos, esto mismo, puede conducir a un agotamiento prematuro que perjudicará el rendimiento del deportista cuando más tarde necesite la energía malgastada, por ejemplo, en la parte final de la competición.

Concluyendo podemos decir que el nivel de activación óptimo es aquél que corresponde al mejor estado de activación que favorece el mejor estado físico y mental del deportista para que rinda al máximo de sus posibilidades.

La atención

Es una variable decisiva para detectar e interpretar las demandas de cada situación y tomar las decisiones oportunas.

La atención es decisiva en todo lo que conlleva:

- Estar alerta
- Recibir y asimilar información
- Analizar datos
- Tomar decisiones
- Actuar a tiempo
- Actuar con precisión

La atención en la competición

Por su influencia en el rendimiento la atención adquiere una enorme importancia en la competición:

- En los momentos previos, puede ayudar a poder ultimar los detalles de la competición
- Durante la competición es clave en momentos de mayor actividad.
- Después de la competición puede contribuir a un análisis más adecuado de lo sucedido.

Durante la competición la atención debe ser automática para controlar y neutralizar las interferencias atencionales.

2.5. LA ADHERENCIA AL ENTRENAMIENTO DEPORTIVO

La adherencia al entrenamiento se refiere al grado de cumplimiento de los deportistas hacia el mismo:

- Asistencia y puntualidad a sesiones
- Realización del plan de entrenamiento
- Esfuerzo realizado en las tareas

Una adherencia (o apegamiento a la actividad) deficitaria o excesiva, impide que el plan de entrenamiento se realice como debería. Esto lo debe tener en cuenta el entrenador y actuar en consecuencia ajustando esos déficits o esos excesos para que los objetivos marcados puedan conseguirse.

Adherencia a las sesiones de entrenamiento

Las conductas de falta de adherencia suelen estar precedidas por circunstancias antecedentes específicas, en cuya presencia existe mayor probabilidad de que ocurran. La identificación de estas circunstancias será de gran ayuda para corregir esa conducta.

El entrenador deberá detectarlo a través de varias vías:

- Observándolo en hojas de registro de asistencia, puntualidad y cumplimiento de tareas no dirigidas
- Analizando lo que le pasa a nivel deportivo y personal al deportista
- Analizando las características del entrenamiento programado
- Identificando los elementos que influyen en las ganas de entrenar:
  - En qué sesión falta o que no hace
  - Cuando ocurre que ha pasado antes

o   Personas que pueden influir

Qué puede hacer el entrenador para corregir la falta de adherencia

Una vez realizada la detección del problema será conveniente realizar una valoración conjunta con el deportista del programa de entrenamiento, en cuanto a la importancia de cumplimiento del plan de trabajo. Se utilizarán también otras hojas de registro, matrices de decisiones y de establecimiento de objetivos tanto a corto, medio como a largo plazo, para ver la necesidad de realizar toda la tarea:

- Planteamiento de retos interesantes alcanzables: alguna competición a la vista
- Algún objetivo de realización posible: mejorar gesto técnico concreto
- Establecimiento de normas de equipo
- Control de personas que influyan negativamente

Adherencia a actividades complementarias al entrenamiento

Es el conjunto de actividades que hacen del entrenamiento una preparación integral para el deportista:

- Entrenamiento deportivo especial. Sesiones para preparar aspectos concretos: trabajo técnico específico
- Trabajo preventivo de preparación física: estiramientos antes y después del ejercicio, calentamiento apropiado
- Reconocimientos y test médicos
- Test de fuerza y/o trabajo de gimnasio
- Alimentación apropiada
- Sesiones de trabajo psicológico, si el club dispone de asesor en la materia
- Autorregistros y diarios de entrenamiento
- Análisis de competiciones: repaso de videos
- Preparación de competiciones
- Cuidado personal de problemas específicos: dentista, ginecólogo, sueño
- Períodos de descanso y vacaciones: respetar el plan del entrenador para la recuperación

Una característica particular del deportista experto es su gran adherencia al entrenamiento en su itinerario deportivo y vital. Para ser un buen deportista también hay que considerar otras muchas cosas, entre las que se encuentran las actividades complementarias anteriormente reseñadas. Para estas actividades, hemos detectado los expertos en psicología deportiva, coaching deportivo y entrenadores una falta de adherencia significativa, lo que nos lleva a recomendar mucha atención y dedicación a esta parte tan importante de la formación del deportista.

La labor del entrenador aquí será la de:

- informar al deportista sobre la importancia de dichas actividades para su salud y para su rendimiento deportivo
- hacer que los deportistas se interesen por estas actividades
- corresponsabilizar al deportista a través de una formación puntual y de hojas informativas sobre todos estos temas de forma periódica
- utilizar matrices de decisiones para aumentar su motivación viendo relación costes/beneficios
- vincular estas actividades a mejoras en tareas concretas de la competición
- reforzamiento material y social: reforzar conductas de adherencia conseguida

Control de los excesos de adherencia

Si antes decíamos que el deportista se caracterizaba precisamente por no tener una falta de adherencia importante, es decir, que no hay que motivarle casi nada para que entrene; sí hay que decir en el caso del exceso de adherencia que tenemos tal vez un problema interesante que resolver tanto los entrenadores como los expertos en psicología deportiva o coaching.

Son ya muchos los entrenadores, entre ellos los de deportistas de élite que vienen a señalar los excesos de entrenamiento de sus competidores, con el detrimento que conlleva en cuanto a las cargas de trabajo y al incumplimiento de los períodos de descanso establecidos.

Tiene que ver seguramente con la creencia rígida de que lo mejor es entrenar, entrenar y entrenar. Pero no siempre es así y los planes de entrenamiento se realizan cada vez más elaborados y contrastados de forma que cualquier exceso en el entrenamiento trastoca todo al programa.

Es tan malo quedarse corto en el entrenamiento como pasarse. No es fácil ajustar el nivel de esfuerzo y el trabajo por sensaciones es muy interesante y resulta. El entrenador y el competidor deberán identificar lo antes posible del comienzo de la temporada los límites referentes a los excesos de entrenamiento.

Generalmente los excesos de adherencia suelen estar relacionados con un elevado nivel de estrés, normalmente vinculados a la falta de control de la situación deportiva, o asociados a una motivación excesiva pero incontrolada.

El ejemplo claro lo tenemos en esos *"machaques"* de algunos deportistas a pocos días de una competición, y sin contar con el entrenador. Es cierto que pueden dar cierta autoconfianza, pero a costa de riesgos muy grandes en otras parcelas y de carencias psicológicas en otros factores.

¿Qué puede hacer el entrenador para prevenir los excesos de adherencia?:

- información y formación a los deportistas, destacando los períodos de descanso y enseñando a planificar el tiempo
- autocontrol de los propios deportistas de su entrenamiento (autorregistros)
- control del estrés de los competidores
- enseñanza al deportista de habilidades psicológicas de autorregulación
- planteamiento de objetivos de realización (de ejecución de técnicas)
- reforzamiento de conductas apropiadas de adherencia, no los excesos

2.6. DEPORTES INDIVIDUALES/DEPORTES DE EQUIPO

En el deporte individual el deportista debe competir de forma individual frente a otros deportistas que también compiten individualmente. No existe la cooperación con otros compañeros y todo depende del rendimiento individual. Los resultados, favorables o adversos, son de un solo deportista, único responsable de los éxitos y fracasos deportivos y de sus consecuencias. Estas circunstancias determinan en gran medida las necesidades psicológicas de los deportistas, por lo que su conocimiento es esencial para el entrenador, para que pueda coordinar junto con el coach o psicólogo deportivo los programas de intervención adecuada y útiles.

Otro aspecto significativo de los deportes individuales es que el deportista debe afrontar en soledad gran cantidad de momentos adversos (lesiones, desánimo, etc.). Aunque, por otra parte, la obligación de centrarse en uno mismo ayuda a que el deportista detecte con más precisión sensaciones, movimientos, pensamientos, y cualquier cuestión relevante de su rendimiento. Esto facilita el trabajo del entrenador y el asesoramiento de la psicología y coaching deportivo.

También los deportistas individuales tienen la característica de la vulnerabilidad a distintas alteraciones patológicas:

- Exceso de preocupación por su estado físico
- Desproporcionada trascendencia de su rendimiento y resultados deportivos
- Dependencia de la propia actividad física
- Realización de comportamientos poco saludables para controlar sus problemas: sobreentrenamiento.

En muchas ocasiones los deportistas individuales tienen hábitos muy consolidados que perjudican su rendimiento como la desorganización del entrenamiento por lo que una tarea interesante a realizar por parte de los entrenadores de deportes individuales, será la de diseñar conjuntamente con el propio deportista y el experto en coaching y psicología deportiva programas de autocontrol para:

- planificar mejor el tiempo
- planificación de la actividad
- planteamiento de objetivos
- dominio de rutinas de entrenamiento y de competición
- evaluación del rendimiento
- preparación personal para la competición, autocontrol de la activación y de la atención

Sin duda la autoevaluación del propio rendimiento es un factor esencial en estos deportes, donde es importantísimo utilizar indicadores independientes del resultado en la competición, es decir valorar más las ejecuciones técnicas y tácticas.

En los deportes de equipo, el resultado depende del colectivo, de la suma de los resultados individuales de todos o parte de sus componentes, planteándose una situación mixta entre lo individual y lo grupal. Por un lado, el deportista debe realizar tareas en solitario, sin la cooperación de sus compañeros y asumiendo toda la responsabilidad, pero debe hacerlo teniendo en cuenta que su esfuerzo individual debe resultar útil al equipo.

Estas referencias al grupo, producen en el deportista una mayor identificación y pertenencia a un colectivo, favoreciendo el proceso de socialización deportiva, y ésta a su vez repercutirá positivamente en su rendimiento.

2.7. LOS DEPORTISTAS EXPERTOS

De las investigaciones de Thomas, French, Thomas y Gallagher, (1988); Abernethy, (1993); se deduce que una de las características fundamentales en los deportistas expertos es que poseen una inteligencia emocional más desarrollada que los no expertos (Ruiz Pérez, 1999). Esta característica es, para nosotros, determinante.

Según Ruiz Pérez: *"Lo emocional se convierte en el motor de la optimización deportiva y por lo tanto debe ser tratado con mimo por el entrenador". "Es a partir de este instante en el que la práctica deliberada entra a formar parte del hacer habitual del futuro experto, así como el compromiso y la buena dirección técnica, con un apoyo incondicional de los padres, dispuestos a modificar, en muchos casos, sus hábitos y costumbres para adaptarse a las peculiaridades deportivas de su hijo o hija"* (Ruiz Pérez, 1999). Por esto queremos fundamentar nuestro trabajo principalmente en este binomio, entrenador y parte emocional del sujeto.

Para Goleman (1998) las habilidades que configuran el desarrollo emocional son:

- autoconocimiento,
- autocontrol
- empatía
- colaboración con los demás
- capacidad de resolver conflictos
- persistencia en los objetivos.

Nuestra inteligencia emocional determina la capacidad potencial de que dispondremos para aprender las habilidades prácticas basadas en la conciencia de uno mismo, la motivación, el autocontrol, la empatía y la capacidad de relación (Goleman, 1998). La relación está determinada por las habilidades sociales: persuasión, comunicación, resolución de conflictos, canalización de cambios, cooperación, sinergia grupal y liderazgo.

"Ser experto reclama tiempo, trabajo, y correcta tutoría y supervisión técnica, aunado con la voluntad del atleta por querer llegar a lo más alto y por un dominio y conocimiento necesario para lograrlo"
(Ruiz y Sánchez, 1997).

"Es el conocimiento afectivo el que juega un papel muy relevante en la fase de inicio en la que el individuo muestra una especial facilidad para dicha actividad"
(Ruiz, 1999).

Inteligencia emocional y autorregulación son dos características de los deportistas expertos. Para Glaser (1996) la excelencia deportiva se consigue cuando el deportista llega a alcanzar las mayores cotas de autorregulación, y esto reclama necesariamente la intervención del entrenador, después los propios sujetos incrementaran su nivel de autorregulación y su toma de decisiones, para terminar, consiguiendo un elevado autoaprendizaje y gran compromiso con intervenciones cualificadas de los profesionales (Arruza y Ruiz Pérez, 2002).

Según Goleman (1996), la capacidad de demorar los impulsos constituye una facultad fundamental para las habilidades sociales y emocionales. El término inteligencia emocional se refiere a la capacidad de reconocer nuestros propios sentimientos, los sentimientos de los demás, motivarnos y manejar adecuadamente las relaciones con los demás y con nosotros mismos (Goleman, 1998).

Las personas que han desarrollado adecuadamente las habilidades emocionales suelen sentirse más satisfechos, son más eficaces y más capaces de dominar los hábitos mentales que determinan la productividad; eficacia y perseverancia a pesar de los contratiempos y las frustraciones que se presenten.

La productividad de las personas de Goleman es el rendimiento de los deportistas del entrenador excelente. Deportista y persona van unidas al igual que rendimiento deportivo y maduración personal se potencian bidireccionalmente. El rendimiento mejora más fácilmente cuando los entrenadores y los deportistas trabajan juntos para crear un clima positivo y comparten la responsabilidad de lograr los objetivos propuestos y de mejorar la comunicación de forma madura y responsable (Orlick, 2004).

Perfil del deportista experto:

- Gran estabilidad emocional
- Persistencia en objetivos
- Alta empatía y comunicación
- Optimista y satisfecho
- Gran capacidad de trabajo en equipo
- Habituado a tomar decisiones arriesgadas
- Motivado hacia la tarea
- Interesado en mejorar cada día
- Humilde y modesto de sus logros ante los demás
- Con un entorno social y familiar muy grato
- Muy arraigado a su tierra y cultura

- Estrecha y afectiva relación con el entrenador
- Con exigencias recíprocas entrenador-deportista
- Con mucha confianza y que saben controlar la presión
- Sacan provecho de la evaluación de su rendimiento
- Son persistentes ante las dificultades
- Están motivados, disfrutan entrenando y les gusta competir y luchar
- Se marcan grandes retos y objetivos a corto y medio plazo
- Se esfuerzan por mejorar día a día aspectos de su competición
- Tienen una situación familiar y social estable y afectuosa
- Su relación con el entrenador es muy afectiva a la vez que exigente
- La práctica deportiva que proponen entrenador y deportista es de mucho nivel

Maduración emocional del deportista

Según el modelo integrado de motivación (Balaguer, 1994), en el deportista influyen factores individuales como la edad, la madurez y la experiencia, y factores sociales como distintos aspectos socioeconómicos y sobre todo el liderazgo del entrenador.

Es patente la influencia que la mayor madurez de los deportistas, determinada en clave de mayor opinión y de mayor margen de iniciativa, tiene sobre el rendimiento deportivo, medida tanto a nivel individual como de equipo. Diversos estudios sobre las actitudes y el control de los padres, tutores, sobre los hijos, concluye que la condición especialmente óptima para el desarrollo de la inteligencia (habilidad mental) es el hecho de que se propicien ocasiones abundantes para mostrarse de modo autónomo, unido a correspondientes y acertados refuerzos (Beltrán et al., 1987). Los deportistas con éxito personal son jóvenes con talento y condiciones sobresalientes de las medias de su grupo deportivo y de todos los sujetos de la investigación. Son deportistas expertos con unas características psicológicas de rendimiento deportivo notables, donde la influencia de evaluación del rendimiento y la habilidad mental han sido sus factores positivos más significativos. Precisamente estos factores que han quedado relacionados a las variables más representativas de la adquisición de madurez personal y emocional: nivel académico, de competición, de categoría, de práctica y nivel de titulación del entrenador. Entrenador que cuando se encuentra (o cuando crea) este tipo de talentos deportivos, procesa un tratamiento de mayor responsabilidad y confianza, de darles más margen de iniciativa y de demandarles más opinión. Pues es la inteligencia la que introduce el contenido de la libertad, de mayor autonomía, de capacidad de autorregulación, autoconcepto y autoestima (Marina, 2004). Tolerancia a la demora y tolerancia a la frustración son parte de esta elevada tolerancia psicológica que tienen los deportistas de éxito de nuestra muestra.

La sensación de libertad, de autonomía e indeterminación que necesita la persona creadora, solo es posible con una concesión mayor del margen de iniciativa y de divergencia, y de permeabilidad a las opiniones y a las ideas (Beltrán et al., 1987).

El entrenador propone el proyecto y produce una serie de valores que relacionados con la experiencia afectiva provocan un aumento de los recursos emocionales. Son deportistas que miran hacia delante, que actúan para mejorar y alcanzar sus metas de forma positiva y perseverante, y se focalizan en el futuro (Garratt, 2004).

Atender a la maduración personal y emocional de los deportistas, sobre todo jóvenes es parte indisociable del quehacer del entrenador, del líder deportivo que siente la necesidad de transmitir con las mejores condiciones de comunicación y con las mayores garantías sociales y psicológicas, sus conocimientos, su experiencia y sus valores.

2.8. CAPACIDADES PSICOLÓGICAS DE LOS DEPORTISTAS

La excelencia deportiva

La excelencia deportiva es una continua búsqueda de la perfección del rendimiento deportivo, una necesidad de mejora que nace del desafío decidido de nuestros retos. Es un proceso de descubrimiento y aprendizaje constante, de encontrar sentido a nuestra propia vida, y de superación de adversidades que comienza con la visión de adonde quieres ir y el compromiso que supone llegar allí.

La excelencia deportiva y con ella el rendimiento deportivo, está determinado por un amplio abanico multifactorial donde los aspectos psicológicos, sociales y comportamentales son primordiales y cada vez tienen una influencia mayor en el deportista. El contexto social o situacional, la autoeficacia percibida, la práctica del deporte, el clima motivacional, y sobre todo el papel del entrenador son, a nuestro entender, los aspectos más significativos que establecen la orientación positiva de los deportistas.

Esta relación de las funciones del entrenador con dichos aspectos del rendimiento es lo que nos lleva a focalizar sobre el liderazgo. El liderazgo del entrenador, sus características de instructor y formador de deportistas competentes, así como las capacidades psicológicas de estos en relación el rendimiento deportivo son las líneas básicas de nuestro trabajo. Investigación que trata de aportar una nueva mirada hacia la necesidad de desarrollar la madurez personal y emocional de los competidores como condición de excelencia del entrenador y consideración de deportista experto.

Para autores como Ericson, Kramper, Tesch-Romer (1993), el rendimiento de los deportistas expertos se explica por la denomina práctica deliberada. Práctica deliberada que está cargada de intencionalidad, con tareas diseñadas especialmente para mejorar el nivel de rendimiento, combinada con informaciones que permiten la corrección y la repetición dentro de un marco de compromiso y un clima psicosocial que favorece una práctica de calidad (Ruiz Pérez y Sánchez Bañuelos, 1997). La excelencia personal es una cuestión de confianza en las propias capacidades y en comprometerte plenamente con tu propio desarrollo. Compromiso, intensidad y concentración son la clave de la excelencia (Orlick, 2004).

La autoeficacia percibida

Ningún aspecto del conocimiento influye tanto en la persona como la opinión que se tiene de la eficacia personal. Es el autoconcepto y la autoestima (Marina, 2004). El proceso constante de buscar y encontrar retos que amplíen nuestra capacidad nos asegura el continuar aprendiendo y creciendo. Esto es lo que marca la diferencia entre la excelencia y la mediocridad. Llegar a ser excelentes significa tener la voluntad de sacrificarse (Orlick, 2004).

La voluntad de mejorar y de ser competente es la variable que condiciona el rendimiento y que en los expertos significa poseer un metaconocimiento afectivo elevado que les hace analizar mejor sus emociones, controlarlas adecuadamente y afrontar con eficacia los momentos difíciles (Ruiz Pérez, 1999).

Por eso hay que incidir en el proceso que ha llevado al practicante deportivo a ser experto y subrayamos la intervención del entrenador y la adquisición de una apropiada conducta emocional por parte del deportista como fundamentales en el desarrollo óptimo de su pericia deportiva.

El enfoque cognitivo destaca como *"los conocimientos juegan un papel determinante a la hora de establecer diferencias en el plano motor. Esta línea propone la existencia de diferentes tipos de conocimiento: declarativo, procedimental, estratégico y afectivo"* (Ruiz Pérez et al., 2001). Es este sistema de conocimiento afectivo una parte importante de lo que queremos recalcar en nuestro trabajo.

Las creencias en las propias capacidades para organizar y ejecutar los cursos de acción requeridos para manejar situaciones futuras es lo que también Bandura (1999), entiende por autoeficacia percibida. La relación existente con la motivación, la adherencia a la actividad y la persistencia de la conducta determina la cantidad de esfuerzo que empleará el sujeto y la cantidad de tiempo que persistirá para lograr el éxito. La autoeficacia influye en el establecimiento de metas, la cantidad de esfuerzo y el tiempo de perseverancia o resistencia al fracaso.

La autoestima y el autoconcepto, son dos variables psicológicas muy relacionadas con la autoeficacia. De ahí, que sobre todo en la instrucción de jóvenes deportistas se tenga el uso de la competición como medio formativo. Las creencias influyen en el modo de pensar, sentir, motivarse y actuar de las personas en general.

La figura del entrenador, será la base fundamental para incrementar de forma eficaz el nivel de autoeficacia, a partir del cual poder convertir las situaciones estresantes en retos percibidos como alcanzables.

- Deportistas con autoeficacia percibida muy baja exageran la magnitud de sus deficiencias y dificultades:
    o Evita tareas difíciles
    o Reduce sus esfuerzos ante dificultades
    o Incrementa sus deficiencias personales
    o Disminuye sus aspiraciones
    o Padece en gran medida estrés y ansiedad

- Deportistas con autoeficacia percibida muy alta centran la atención y el esfuerzo en las demandas que la competición solicita.
    o Se impone retos que favorecen su interés
    o Desarrolla actividades nuevas
    o Intensifica sus esfuerzos cuando no ha conseguido sus propósitos
    o Afronta las tareas amenazantes sin estrés

Autoconfianza

La Autoconfianza se puede definir como: ***"creencia de que se pueda realizar satisfactoriamente una conducta deseada"*** (Morilla, M. 1994).

- Facilita la concentración en la tarea a realizar
- Influye en el gado de consecución de objetivos
- Hace que aumente tanto la intensidad como la duración del esfuerzo

- Interacciona con las demás variables psicológicas (le produce emociones positivas, incrementa su motivación y su concentración, le facilita la eliminación de pensamientos negativos, le ayuda a manejar la presión, etc.)
- Las personas cumplen mejor con sus cometidos cuando creen que poseen las habilidades necesarias para ello (expectativa de desempeño). Esta capacidad percibida es lo que se denomina autoconfianza (también competencia percibida, habilidades percibidas).

Fuentes de información sobre su autoeficacia:

- Propia experiencia: en general el éxito (con un estilo atribucional adecuado) eleva las expectativas de eficacia, fortalece la autoconfianza, mientras que el fracaso las disminuye.
- Observación de los demás: nos orienta sobre nuestra propia capacidad.
- Persuasión verbal: constituye la parte responsabilidad del entrenador en el aumento de la autoeficacia de sus deportistas; complementaria a la propia experiencia del deportista.
- En los deportes de equipo es importante desarrollar también la autoconfianza colectiva.
- La autoconfianza se fortalece si los deportistas reciben información sobre sus conductas tanto si esta es positiva como si es negativa y si se hace una adecuada preparación y ensayo de las competiciones.
- La autoconfianza también reside en la conducta del entrenador hacia sus deportistas (credibilidad) y el modo en cómo evalúa los resultados.

La preparación competitiva debe incluir los aspectos siguientes:

- En general, una expectativa realista favorece una autoconfianza apropiada, mientras que una expectativa demasiado optimista puede propiciar un exceso de confianza (o más tarde, una disminución de la autoconfianza si no ocurre lo que se esperaba), y una expectativa demasiado pesimista suele provocar una autoconfianza baja.

- El trabajo del entrenador antes de las competiciones, debe incluir ajustar en lo posible las expectativas de rendimiento de sus deportistas para que éstas sean realistas. De esta forma, favorecerá que los deportistas afronten con la autoconfianza adecuada, y evitará que la autoconfianza se debilite si las cosas no salen como los deportistas esperaban.

La **evaluación del rendimiento**, por su parte, debe basarse en criterios establecidos previamente antes de la competición, o antes de los ejercicios del entrenamiento, con la mayor exactitud posible.

- Debe de ser una evaluación específica, en vez de global; evaluar acciones específicas, distinguiendo el rendimiento de los deportistas en unas y otras acciones.
- Debe centrarse en las conductas de los deportistas y realizarse con independencia del resultado final.
- La evaluación arbitraria del rendimiento sin diferenciar unos aspectos de otros, propicia que los deportistas se sientan inseguros y no sepan a qué atenerse. De esta forma, la autoconfianza de los deportistas será más débil, pudiendo repercutir negativamente en su rendimiento.

2.9. LA TENSIÓN COMPETITIVA. EL ESTRÉS

Tanto en el ámbito deportivo como en el sociodeportivo general, los entrenadores saben que existen dosis de estrés y ansiedad asociados a una competición. A pesar de que cada deportista percibe de una forma diferencial los síntomas y signos del estrés y la ansiedad, el entrenador debe conocer las principales características de cada fenómeno.

El estrés es la respuesta del organismo de movilización de recursos fisiológicos y psicológicos para poder hacer frente a situaciones externas e internas que resultan amenazantes. Es por tanto una respuesta adaptativa que puede resultar beneficiosa para la salud.

Cuando el organismo percibe la presencia de una situación amenazante, se pone en estado de alerta y busca los recursos necesarios para hacer frente a tal demanda. Si no se dispone de estos recursos aparecerán reacciones como la ansiedad, ira incontrolada, depresión o/y agotamiento psicológico.

La puesta en funcionamiento de recursos para controlar estos efectos, supone la movilización de un extra de energía física y mental que en algunos casos estabilizará al organismo, pero en otros el desgaste de energía agotará inevitablemente el rendimiento en la competición y tal vez la salud.

Situaciones estresantes de la competición deportiva

- La posibilidad de fracasar en una competición concreta
- Valoración que el deportista recibe del exterior antes o/y después de la participación.

- Expectativas desajustadas

No obstante, el estrés en sí mismo no es ni bueno ni malo, es algo con lo que debemos contar y que debemos controlar en la dirección adecuada para nuestro rendimiento en la competición. De esta manera el estrés pre-competitivo puede ser beneficioso si se controla convenientemente:

- Gracias a este estrés el deportista estará más alerta y motivado por el reto inminente y también favorecerá el respeto sobre el potencial de los rivales.
- A partir de aquí si el estrés aumenta considerablemente, llegará un momento en que dejará de ser beneficioso para convertirse en per-judicial.
- El estrés perjudicial coincide con la activación de creencias, valores y actitudes más estables en la persona que propician una visión ses-gada de la realidad y por tanto de las experiencias que nos pueden provocar estrés y de los propios recursos disponibles, haciendo in-eficaz nuestra capacidad de afrontamiento.

El estrés post-competitivo tiene que ver con la mala valoración que se rea-lizan de las competiciones. Por ello habrá que elegir el momento más opor-tuno para realizar la evaluación y de la manera más objetiva posible para que el análisis sea más productivo.

El afrontamiento activo, la búsqueda de soluciones racionales, el autocon-trol, y la re-evaluación positiva reducen claramente la vulnerabilidad ante focos de estrés.

Respuestas al estrés.

Esta fase hace referencia a las respuestas fisiológicas y psicológicas ante los procesos de percepción de la situación. Estas respuestas son fruto del po-sible desequilibrio entre las demandas y la capacidad autopercibida para dar una respuesta efectiva. Cuando el desequilibrio es significativo, se pro-duce:

- Sensación de amenaza
- Incremento de los niveles de ansiedad estado
- Incremento de los estados cognitivos de ansiedad (preocupación; variación en los niveles de concentración y atención) y de los es-tados fisiológicos.

El Agotamiento psicológico en deportistas

Aunque el deportista disponga de recursos para afrontar el estrés, no quiere decir que resista el exceso de estrés. En los procesos de estrés, existe una movilización de energía, física y mental superior al nivel base o normal.

Esta movilización de recursos es especialmente elevada en el contexto de competición. En este ámbito puede haber una movilización puntual (adaptativa), o una movilización prolongada temporalmente (desadaptativa). Cuando la movilización es prolongada temporalmente, aparece el agotamiento.

El control de esa movilización de recursos en el deportista, debe ser controlada por el entrenador, médico, preparador físico y fisioterapeuta.

Algunas medidas para intentar prevenir el agotamiento son (Buceta, 2003):

- Tener suficientes días de descanso
- Entrenamientos de baja intensidad
- Masajes
- Hidroterapia
- Bebida y alimentación adecuada.
- Complementos vitamínicos

Asimismo, existe una serie de estresores cotidianos que ponen a competición la capacidad de adaptación del deportista: viajes, concentraciones, cambios horarios, horas de espera y disciplina rígida (Buceta, 2003).

Para Buceta (2003), el deporte de competición genera numerosas situaciones amenazantes. Sin embargo, estas situaciones amenazantes no siempre provocan problemas de estrés.

Desde esta perspectiva, los deportistas pueden estar sometidos a los mismos estresores de la competición y sin embargo algunos sufrir problemas de estrés y otros no. Este efecto diferencial se debe en parte a dos variables psicológicas:

- Situaciones potencialmente estresantes.
- Importancia de la Personalidad y las diferencias: interacción entre situaciones amenazantes y características individuales.
- Estrés y características individuales.
- Diferencias en intensidad, frecuencia y severidad del estrés.

Ansiedad, estrés y agotamiento emocional en jóvenes deportistas

Motivos de participación deportiva en jóvenes deportistas son:

1. Mayoría de motivaciones que tienen los niños para practicar deporte (divertirse, aprender nuevas destrezas, hacer algo para lo que uno vale, estar con amigos, conocer gente, ponerse en forma, hacer ejercicio y experimentar éxito) son intrínsecas.
2. La mayoría de deportistas tienen múltiples motivos para la participación, no solo uno.
3. Aunque la mayor parte de jóvenes lo dejan debido al interés en otras actividades, una minoría interrumpe la práctica por razones negativas.
4. A parte de los motivos explicitados de abandono, el niño necesita sentirse valioso y competente.

Desde esta perspectiva, es importante potenciar los procesos de motivación desde la organización del propio entorno. Es importante que los jóvenes deportistas presten atención a su propia competencia, y no solo al resultado.

Efectos del estrés y el agotamiento en jóvenes deportistas

Una de las cuestiones más controvertidas en el deporte infantil y juvenil, es el estudio de la influencia que pueden tener determinados entrenamientos y competiciones sobre los niveles de estrés, ansiedad y agotamiento en jóvenes deportistas.

Los entrenadores de deporte deben saber que existen determinadas características personales y situacionales que pueden elevar los niveles de ansiedad:

- A pesar de que la mayoría de jóvenes deportistas no experimentan elevados niveles de estrés, existe un pequeño porcentaje que si lo sufre.
- Existen variables de personalidad y situacionales del deportista que pueden favorecer la aparición del estrés: niveles elevados de ansiedad, baja autoestima, excesivas expectativas de ejecución individual y de equipo, presión parental, etc.
- Hay que tener especialmente precaución con los deportistas menores de 14 años.

Características personales de los niños expuestos al riesgo de un aumento en la ansiedad estado competitivo:

- Propensión a un nivel elevado de rasgos de personalidad.
- Baja autoestima.
- Bajas expectativas de ejecución en relación con su equipo.
- Bajas expectativas de ejecución individual.
- Preocupaciones frecuentes sobre el fracaso.
- Preocupaciones frecuentes sobre las expectativas de los adultos y la evaluación social de los demás.
- Menor diversión percibida.
- Menor satisfacción con la propia ejecución, con independencia del resultado de victoria o derrota.
- Percepción por parte del deportista de la importancia que tiene para sus padres que participe en algún deporte".

2.10. TÉCNICAS DE RECUPERACIÓN

En la actualidad, los procesos de recuperación tienen prácticamente la misma relevancia que los procesos de entrenamiento activo; es más, los procesos de recuperación son parte de los procesos del propio entrenamiento.

Los problemas de recuperación suelen ser debido por:

- Un volumen o intensidad de las cagas demasiado elevado.
- Insuficiente tiempo para la recuperación del organismo.

Estas cargas, pueden ser índole física (fisiológica) o cognitivas (mentales). Asimismo, los problemas de recuperación pueden ser de carácter puntual o de carácter crónico.

Riesgos asociados a una insuficiente o inadecuada recuperación del deportista:

1. Cansancio: consecuencia del entrenamiento excesivo o sobreentrenamiento.
2. Sobrentrenamiento.
3. Burnout (estar quemado).
4. Incremento de la probabilidad de lesiones y enfermedades. Por un incremento en el grado de vulnerabilidad del deportista.

Sin embargo, la aparición de estas consecuencias puede también estar mediadas por la reducción en la capacidad de respuesta mental y cognitiva del deportista. A nivel cognitivo, algunas de las principales consecuencias a nivel cognitivo y emocional de la falta o inadecuada recuperación son:

- Reducción de la capacidad de atención-concentración.
- Alteración de los niveles de activación
- Sobreactivación de las funciones mentales.
- Incremento de los pensamientos negativos por insatisfacción, molestias físicas o agotamiento.
- Alteración de los estados de ánimo e incremento de la irritabilidad.
- Las características del burnout son:
  o Agotamiento emocional: extenuación física y emocional.
  o Despersonalización: distanciamiento emocional de las personas que rodean a deportista. Es un mecanismo defensivo que tiene por objetivo reducir la carga mental y emocional de un sistema psicológico ya agotado.
  o Falta de realización en la actividad deportiva: característica que se relaciona con la falta de satisfacción y motivación por una actividad deportiva que de forma precedente era motivante. Normalmente se encuentra asociada a baja autoestima, baja autoconfianza, llegando en último extremo aparecer sintomatología depresiva.

Pautas de comportamiento para el entrenador

- Planificar adecuadamente junto al preparador físico las cargas de entrenamiento físico incluidas en los entrenamientos.
- Evaluar y planificar adecuadamente junto al especialista en psicología deportiva o coaching las posibles cargas cognitivas y emocionales de los propios entrenamientos y competiciones.
- Reunirse con todos los colaboradores y profesionales de apoyo (médico, fisioterapeuta, preparador físico, especialista en psicología deportiva o coaching, nutricionista...) para valor la planificación realizada de las cargas de entrenamiento y diseñar protocolos de intervención multidisciplinares para una recuperación más efectiva del deportista.
- Observar determinados comportamientos y reacciones del deportista que pueden estar asociados a consecuencias negativas de un exceso de carga (física y o psicológica) o problemas de recuperación:

- Alteraciones de los estados de ánimo. Deportistas alegres y satisfechos, desarrollan posteriormente estados de ánimo de tristeza, estados afectivos negativos, incremento de la agresividad o ira, mayor nivel de susceptibilidad, etc.
- Reducción significativa del rendimiento. El entrenador debe observar que, cuando no existe lesión o enfermedad aparente, el incremento del entrenamiento conlleva no un incremento o mantenimiento del rendimiento, sino una bajada significativa de este.
- Aislamiento y/o problemas de comunicación con compañeros o con el propio entrenador. La reducción de los canales de comunicación y el aislamiento se pueden asociar no sólo con la insatisfacción, sino también con el estrés y con la fatiga mental.
- Incremento del número de quejas y reproches. En situaciones donde el rendimiento del equipo no ha decrecido, donde no han existido cambios de posición en el campo o donde no hay cambios en la titularidad, el deportista se muestra tenso e irritable sin causa aparente.
- Incremento de la reactividad al estrés.
- Incremento de la sensibilidad al dolor (reducción de los umbrales de tolerancia).
- El deportista menciona o alude que se siente muy cansado o con falta de energía a pesar de que duerma o descanse.

3. Necesidades psicológicas del entrenamiento en el alto rendimiento

3.1. PRINCIPALES NECESIDADES PSICOLÓGICAS DEL ENTRENAMIENTO DEPORTIVO EN EL ALTO RENDIMIENTO

El deporte de competición exige el máximo rendimiento a los deportistas. Sus posibilidades aumentan cuando el entrenamiento sistematizado se dirige a la adquisición, perfeccionamiento y consolidación de recursos eficaces que optimicen las posibilidades en competición.

El rendimiento en el entrenamiento se refiere a la asimilación de información, la ejecución de conductas y el desarrollo de hábitos para la ampliación de los recursos de los deportistas.

Por su parte, el rendimiento en la competición implica la puesta en práctica de forma eficaz de los recursos disponibles en función de las demandas específicas que se plantean en cada momento concreto.

Los principales objetivos a mejorar y poner a punto en el entrenamiento para la competición son la condición física, la condición técnica, la condición táctico-estratégica y la condición psicológica.

En el trabajo con deportistas de alto rendimiento no se debe perder la perspectiva global de la interacción de todos los especialistas que tienen que ver con la preparación del deportista (médicos, fisioterapeutas, profesionales de la psicología del deporte, masajistas, entrenadores, otros preparadores, etc.) ya que esta forma es la que determina el funcionamiento eficaz en la competición.

La aportación de la psicología deportiva y del coaching a la mejora y puesta a punto de las condiciones técnica, táctica y física, es muy significativa y en muchos su entendimiento y adecuación marca en muchos casos la diferencia entre los deportistas que compiten y los buenos deportistas.

3.2. ESTRATEGIAS PSICOLÓGICAS PARA LA PLANIFICACIÓN DEL ENTRENAMIENTO DEPORTIVO

Los objetivos fundamentales de la planificación son decidir y organizar el trabajo a realizar en el entrenamiento, aprovechando al máximo los recursos disponibles para mejorar las posibilidades de rendimiento de los deportistas:

- Tiempo
- Conocimiento del entrenador
- Calidad de los deportistas
- Medios materiales

El cometido del entrenador en la planificación está en:

- Planificar
- Orientar
- Observar
- Evaluar

Tanto para el entrenador, como para el deportista con la planificación se consigue:

- Fortalecimiento de la percepción de control sobre el proceso del entrenamiento
- Autoconfianza del trabajo que se realiza

La planificación debe constar de todos los contenidos del entrenamiento:

- Preparación física
- Preparación técnica
- Preparación táctica
- Preparación psicológica

Fases progresivas de la planificación del trabajo deportivo. Estrategias psicológicas para la optimización del tiempo del entrenamiento

Planteamiento inicial de objetivos

Delimitación del tiempo: dependerá del tipo de período donde se incluyen los objetivos más significativos (ciclo olímpico, temporada anual, picos de temporada), considerando las competiciones objetivo.

Valoración de las posibilidades de éxito:

- Viabilidad de las competiciones
- Recursos propios

- Objetivos interesantes y realistas

Establecimiento de objetivos

De resultado

- Específicos: quedar entre los 10 primeros, hacer una marca determinada
- Atractivos y realistas
- Objetivos intermedios: para quedar campeón de España debo realizar una marca determinada o pasar una fase de torneo
- Objetivos a corto plazo: buenos resultados en pretemporada
- Otros objetivos test

De realización

Se refieren a los logros relacionados con la propia conducta, y deben ser también específicos, atractivos y alcanzables:

- Mejoras físicas
- Mejoras técnicas
- Mejoras tácticas
- Mejoras psicológicas

Características:

- Acentúan la propia conducta
- Permiten valoraciones más realistas
- Nos dan una indicación del progreso
- Favorecen la percepción de control del entrenamiento

Contenido del entrenamiento

- Recursos
- Necesidades
- Determinación específica del trabajo a realizar: ficha de contenidos

Consideración del tiempo disponible

- Plazo total de la planificación.
- Grado de dedicación.
- Disponibilidad de instalaciones.
- Compromisos competitivos.
- Desplazamientos.
- Períodos de no entrenamiento.
- Períodos de descanso.

- Establecimiento de prioridades de objetivos: importancia, proximidad, interferencia, coste, probabilidad de logro.
- Decisión de los contenidos del entrenamiento: simplicidad, urgencia, relación con otros, integración.

Otras consideraciones de la planificación

- Plantear objetivos (resultado-realización) junto con costes
- Plantear objetivos personales
- Considerar capacidad física, técnica, táctica y psicológica en los planteamientos
- Situar los contenidos más estresantes alejados de las competiciones
- Programar períodos de descanso psicológico
- Incluir entrenamiento específico en habilidades psicológicas
- Compensar sobreesfuerzos de máximo rendimiento

3.3. TÉCNICAS DE INTERVENCIÓN PARA MEJORAR EL APRENDIZAJE Y EL RENDIMIENTO DEPORTIVO. TÉCNICAS PRINCIPALES

Establecimiento de objetivos

- Objetivos a largo plazo: a partir de los cuales se planifiquen otros a corto plazo (competiciones más importantes del calendario) verdaderamente alcanzables en función de las posibilidades reales del entrenamiento
- Objetivos de resultado: resultados deportivos que se quieren alcanzar
- Objetivos de realización: se refieren a la ejecución apropiada de las conductas que se necesitan para cumplir el objetivo de resultado:
    - o Hacen que el deportista se centre y ocupe de la propia conducta
    - o Ayudan a realizar una valoración más realista
    - o Su evaluación es más sencilla y fiable
    - o Utilizada como indicador de progreso
    - o Aumenta la percepción de control sobre el entrenamiento
- a) Objetivos intermedios progresivos: de resultado y de realización, son objetivos más cercanos en el tiempo que mantienen al deportista motivado y atento a su entrenamiento
- b) Objetivos a corto plazo: es el que tenemos a la vista y que debe ocupar la atención y actuación del entrenador y deportista.

c) Objetivos inmediatos: para centrar la atención en el aprendizaje (en sesión de entrenamiento)

El modelado

Se basa en el aprendizaje por observación, y se trata de aprender a través de la imitación de un modelo observado.

Se distinguen dos tipos de modelos:

a) Modelo experto: deportistas de prestigio con reconocido dominio de la habilidad a enseñar (en videos o tv)
b) Modelo competente: modelo más cercano (compañero de equipo) que domina la habilidad lo suficiente como para ponerle de ejemplo.

Ambas formas motivan al deportista y hacen más sencilla y realista la adquisición de la habilidad en cuestión.

Control atencional

El objetivo de este apartado es mostrar al entrenador cuales son las demandas y enfoques atencionales que debe tener un deportista para rendir mejor.

- Enfoque interno-reducido
- Enfoque interno-amplio
- Enfoque externo-reducido
- Enfoque externo-amplio

Lo más importante es conocer las demandas atencionales de cada situación concreta y comprender cuál es el enfoque más apropiado, sea entrenamiento o competición.

Procedimientos para su entrenamiento

- Comprender la situación de la habilidad a mejorar (en entrenamiento) o el estímulo a atender (en competición)
- Observación y corrección de la posición corporal
- Eliminación de otros estímulos (solo ve los que tienen que ver y no atiende al exterior)
- Utilización de la visualización: imaginación de situaciones concretas y ensayo mental
- Instrucciones precisas centradas en la habilidad: ensayo en vivo y se va dando información

- Atender a la intensidad apropiada: hacer oportunos descansos atencional para recuperar, igual que recuperamos pulsaciones entre ejercicios. En competición también ocurre y debemos detectar esos momentos y aprovecharlos para recuperarnos en todos los sentidos

Habilidades para el control del cansancio y el dolor

- El descanso atencional, pues, significa relajación mental y por lo tanto descanso y recuperación. Esto se debe tener en cuenta para utilizar la estrategia apropiada en cada momento.
- Ensayo en imaginación y auto instrucciones antes de la ejecución
- Centrarse en los estímulos más relevantes para controlar las posibles interferencias atencionales y rendir mejor. Importante palabras o frases recordatorias de la conducta que se va a realizar.

En algunos casos habrá que precisar de antemano un recurso atencional y condicionarse a la "situación señal" para emitir la conducta.

Estrategias relacionadas con las instrucciones del entrenador

- Si queremos que el deportista se centre en la ejecución de un movimiento técnico, nos referiremos únicamente a ese movimiento técnico
- Utilizar comentarios relacionados con el tipo de atención necesaria
- Dar instrucciones más relevantes en momentos más apropiados: pocas instrucciones, muy precisas y muy relevantes
- Utilizar preguntas y recordatorios sobre la ejecución
- Utilizar registros objetivos de la conducta: frecuencia de aparición
- Emplear feedback (información inmediata sobre la ejecución)

Técnicas de relajación

Son estrategias aplicadas por el propio deportista o por un terapeuta experto para favorecer en el organismo un estado de relajación más o menos profunda.

Objetivos específicos

Para bajar el nivel de activación del organismo:

- Descanso de los deportistas
- Poder conciliar el sueño
- Para recuperar el esfuerzo realizado tanto a nivel físico como mental
- Aliviar el dolor por lesiones o golpes
- Para controlar la ansiedad

Para controlar la activación en situaciones de competición:

- Aquí el objetivo no es la eliminación de la activación sino su control
- Ajustar al nivel adecuado, según situación, sujeto, etc.

Para facilitar la técnica de práctica en imaginación (visualización):

- Centrarse mejor en las imágenes
- Para tener un funcionamiento mental más activo y profundo

Utilización de registros

Es muy importante que haya un seguimiento apropiado de la relajación por parte del entrenador y del deportista. Por ello se recomienda la utilización de registros con escalas de 0 a 10 para determinar:

- El grado de relajación subjetiva alcanzado
- El grado de dominio percibido sobre la técnica
- El grado de concentración alcanzado durante la práctica de ejercicios

Práctica de imaginación (visualización)

La práctica de imaginación es una técnica de visualización mental utilizada de forma eficaz por gran cantidad de deportistas de disciplinas muy diferentes con resultados muy óptimos tanto en el aprendizaje de habilidades y otras conductas como en la competición para mejorar el rendimiento en distintos momentos y esquemas del partido o competición.

Se utiliza para:

- adquisición, ejecución y perfeccionamiento de movimientos técnicos
- dirigir la atención a estímulos importantes en el comportamiento táctico
- exposición y ensayo de las condiciones de la competición
- repasar conductas que se pondrán en práctica en la competición
- ensayar las conductas antes de ejecutarlas
- análisis retrospectivos de competiciones o partes de la competición

Es muy importante que se trabaje esta técnica y que se entrene en las sesiones cotidianas bien asesorado por el entrenador o por el profesional de la psicología del deporte en caso de tener esta posibilidad.

Otras técnicas

Programas de reforzamiento

Es la aplicación deliberada de consecuencias favorables en el momento en que el deportista ha emitido una conducta objeto del aprendizaje, de tal manera que tenderá a repetirla. Hay que aplicarlo de manera inmediata a la "respuesta correcta".

a) Refuerzo positivo
   o Dar un estímulo gratificante
b) Refuerzo negativo
   o Retirar un estímulo que no gusta: meter menos carga, dar más descanso, rebajar normas

Los programas de reforzamiento son:

- De razón fija: nº fijo de veces que se repite la conducta reforzamos
- De razón variable: nº de veces no fija
- De intervalo fijo: por tiempo fijo
- De intervalo variable: reforzamos cuando queramos siempre que se esté emitiendo la conducta

Moldeado

Es la técnica que se utiliza para enseñar-aprender las conductas más complejas segmentándolas en elementos más simples que se van adquiriendo progresivamente, reforzando sistemáticamente la aproximación al objetivo.

Es un procedimiento de aproximaciones sucesivas. Utilizando este procedimiento cualquier habilidad motriz puede dividirse en tantos segmentos como sea necesario, para conseguir que el deportista asimile y domine los movimientos correspondientes.

En conductas de esfuerzo, el moldeamiento puede hacerse respecto a estímulos antecedentes (cosas que ocurran antes de...)

Encadenamiento

Esta técnica es muy parecida a la anterior, pero aquí pueden aprenderse los segmentos simples de una conducta compleja de forma aislada y luego ir uniéndolas, encadenándolas en la habilidad final requerida.

Programas de economía de fichas

El deportista recibe un punto de forma inmediata y cada vez que emita la conducta correcta.

Al final se canjean los puntos por un reforzador: material o social, camiseta de regalo o tener la mejor habitación en el próximo hotel de concentración.

Feedback

Es la información que el deportista recibe sobre la conducta que ha emitido. El feedback es la estrategia fundamental en el proceso de enseñanza-aprendizaje. Se traduce como retroalimentación pues es la alimentación (informativa) que recoge el sujeto después de realizar su conducta.

Reforzamiento diferencial

Estrategia útil para aprender conductas de esfuerzo. Se trata de ajustar la intensidad reforzando de manera diferenciada cuando la intensidad es la que queremos.

Castigo

Es la penalización de una ejecución o decisión incorrecta para eliminarla o sustituirla por otra. Se aplica una consecuencia aversiva al sujeto (algo que no gusta).

Coste de respuesta

Se aplica un castigo negativo para eliminar una conducta no deseada. Se utiliza un procedimiento similar al de economía de fichas, pero al revés. Se da al deportista un stock de 5-10 puntos que se irán retirando según haga lo que no debe.

Por ejemplo, si queremos que realice ½ hora de estiramiento cada vez que termine el entrenamiento de carrera se le quitará uno o dos puntos cada vez que no lo haga. Cuando se quede sin puntos se le dirá lo que cuesta tener 0 puntos: traer bollos a los compañeros, hacer más series, etc.

3.4. ESTRATEGIAS PSICOLÓGICAS PARA LA ADQUISICIÓN Y EL PERFECCIONAMIENTO DE HABILIDADES DEPORTIVAS DE ALTA COMPLEJIDAD

Aprendizaje de movimientos técnicos específicos

Para tener una visión más concreta de lo que se expone en este apartado es conveniente tener en mente alguna habilidad concreta a modo de referencia para que las indicaciones tengan más solidez.

- Primeramente, se fracciona la habilidad compleja en segmentos más simples, utilizando el moldeamiento o encadenamiento; y se le explica al deportista el objetivo concreto del ejercicio para que dirija la atención a sus movimientos y sensaciones.
- El entrenador o un deportista competente puede hacer de modelo para mostrar el movimiento correcto. También puede ser interesante que muestre el movimiento incorrecto.
- Es importante que el deportista tenga en mente alguna palabra clave a modo de autoinstrucción en el momento de la ejecución para ayuda y recordatorio.
- Deben eliminarse en esta fase todo estímulo externo que pueda interferir en el aprendizaje (no hacer competición de ello ni introducir la variable tiempo).
- Identificación de sensaciones corporales que identifique un indicador del buen aprendizaje.
- Siempre se dará refuerzo sobre el movimiento correcto y no recriminar sobre el incorrecto.
- Puede ser beneficioso utilizar la práctica en imaginación en cámara lenta para percibir el movimiento en toda su dimensión y apoyar el aprendizaje.
- Luego se incorporarán progresivamente estímulos externos, insistiendo siempre en la focalización interna de la atención.
- Los autorregistros son significativos en esta fase y aportan confianza y seguridad en el proceso de adquisición de las habilidades.

Aprendizaje de conductas de esfuerzo

Las conductas de esfuerzo se refieren a la intensidad que el deportista debe emplear para ejecutar los movimientos corporales cuya técnica específica domina. También se refieren a la intensidad de esfuerzo en ausencia o mínima habilidad.

El entrenamiento deportivo debe contribuir a la adquisición de conductas adecuadas de esfuerzo eliminando las que por su impulsividad o agresividad sean inadecuadas (esfuerzo útil y agresividad apropiada).

Definición y cuantificación de la intensidad

Un ejemplo de conductas de esfuerzo a definir, identificar y controlar en el deportista son las intensidades de trabajo en el entrenamiento, pues los errores que se cometen desajustan la planificación y la progresión adecuada:

- Discriminar entre diferentes intensidades ejecutando a distintos niveles y observando un modelo apropiado
- Obtener información por parte de entrenador de la ejecución apropiada
- Autoevaluar la ejecución en escalas de 0-10
- Comparación con la evaluación 0-10 del entrenador que observa
- Grabar vídeos y visionarlos es una buena forma de aprender
- Entrenador y deportista deben finalmente tener la misma escala para saber de qué hablan.
- A partir de aquí técnicas como la autorregulación de la activación ayudarán a mejorar la adquisición de conductas de esfuerzo

APRENDIZAJE DEL COMPORTAMIENTO TÁCTICO-ESTRATÉGICO. CONDUCTAS DE TOMA DE DECISIONES

El comportamiento táctico-estratégico incluye tres grandes tipos de decisiones:

1. Las centradas en el plan de actuación
2. Las tomadas sobre la ejecución inmediata
3. Las referidas al mantenimiento o cambio del plan

Decisiones centradas en el plan de actuación

Son las que se toman antes de que comience la competición teniendo en cuenta todas las circunstancias relevantes y los recursos propios disponibles que convengan para afrontar esa competición.

En deporte estas decisiones deben ser tomadas conjuntamente entre el entrenador y el deportista. Es conveniente que se estudien las múltiples alternativas con la mayor información posible para que la decisión determinada tenga la mayor calidad posible.

Estilo de funcionamiento en la competición: señalan la tendencia de funcionamiento del deportista en la competición y predisponen a los deportistas a actuar de una determinada manera.

DECISIONES SOBRE LA EJECUCIÓN INMEDIATA

Este tipo de decisiones se toman en los períodos de participación activa, sólo pueden ser tomadas por el deportista y por tanto debe realizarse con estos un entrenamiento específico para aprender a decidir de forma correcta ante la cantidad de alternativas que pueden surgir, pues una decisión precipitada o tardía supondrá un rendimiento deficitario y tal vez irremediable.

Las decisiones sobre la ejecución inmediata pueden estar determinadas por dos factores:

- La tendencia de funcionamiento
- Las situaciones de cada momento concreto de la competición (estímulos antecedentes)

El comportamiento táctico adecuado será el que se ajuste a ambos factores por lo que dependerá de:

- La rigidez o flexibilidad de la tendencia de funcionamiento
- La necesidad de las circunstancias antecedentes

Vemos que el plan previsto pasa a un segundo plano priorizando la decisión de ejecución inmediata.

Aprender a tomar decisiones sobre la ejecución inmediata, considerando los elementos del plan, constituye la esencia del comportamiento táctico en el deporte.

Evidentemente en una misma competición el feedback (la información devuelta de lo realizado) tendrá una influencia decisiva en las siguientes decisiones, por lo que se deberá discriminar adecuadamente.

Teniendo en cuenta todo lo anterior contemplamos tres fases en el aprendizaje sobre la toma de decisiones de la ejecución inmediata:

- Decidir en función de las circunstancias antecedentes (que ha pasado antes, y que está pasando)
- Decidir bajo tendencias de funcionamiento (rígidas o no)
- Decidir según feedback obtenido (tipos de resultados)

DECISIONES SOBRE EL MANTENIMIENTO O REPLANTEAMIENTO DEL PLAN DE ACTUACIÓN

Este tipo de decisiones se toman en el deporte en los períodos de menor intensidad, ya que se puede hacer un breve análisis de toda la situación y elaborar una estrategia alternativa o cambiar por otra ya prevista. Es una decisión intermedia entre la automática (ejecución inmediata) y la analizada profunda y objetivamente (plan de actuación).

Por tanto, los factores que determinan ese cambio son:

- Las diversas circunstancias antecedentes presentes en el momento de decidir (lo que acaba de pasar y está pasando)
- El feedback que el deportista ha ido obteniendo de sus decisiones de ejecución inmediata (los resultados que ha obtenido de sus ejecuciones)

APRENDIZAJE DE HABILIDADES PSICOLÓGICAS

Principales habilidades psicológicas en el deporte de competición

- a) Establecimiento de objetivos
- b) Autoobservación y autorregistro
- c) Autoevaluación subjetiva del nivel de activación
- d) Evaluación objetiva del propio rendimiento
- e) Autoaplicación de técnicas de relajación y respiración
- f) Práctica en imaginación (visualización)
- g) Habilidades atencionales
- h) Autoafirmaciones, autoinstrucciones y autorrefuerzos

Establecimiento de objetivos

Con el apropiado establecimiento de objetivos conseguimos en el deportista:

- Planificar mejor su trabajo
- Aumentar su motivación, autoconfianza y estado de alerta
- Control de su atención

Características:

- De realización: conductas propias
- De resultado: de logro concreto
- A largo, medio y corto plazo: objetivos intermedios
- Específicos y claramente definidos
- Atractivos y desafiantes pero alcanzables

Autoobservación y autorregistro

El propósito de estas habilidades es que el deportista sea capaz de observar su conducta externa e interna rigurosamente para analizar y comparar los datos y ver antecedentes y consecuencias.

Con ello se desarrolla la percepción de control, disminuye el estrés y aumenta la confianza y la motivación, ya que de esta forma se detectará porque entrena mal un tipo de sesión o porque le salen tan buenos resultados en tal o cual tipo de prueba. "Las cosas no pasan por casualidad".

Autoevaluación subjetiva del nivel de activación

Utilizando sistemáticamente escalas de evaluación de 0 a 10 se llegará a valorar el estado de activación y la intensidad de concentración con mínimos errores. Ello tiene unas posibilidades muy positivas para los entrenamientos y las competiciones por el mejor conocimiento de nuestro estado psicofísico.

Muy importante es tener en cuenta que solo se pueden establecer comparaciones intrasujetos (el deportista consigo mismo) no respecto con otros deportistas.

Realizada la valoración, decidiremos si reducirlo, mantenerlo o aumentarlo.

Evaluación objetiva del propio rendimiento

- Distinguir objetivamente entre rendimiento (mejoro mi deporte) y resultados (puestos, marcas)
- Distinguir entre decisión y ejecución
- Operativizar conductas de rendimiento
- Registrar todo los que haya podido influir en la competición (clima, lesiones, rivales, etc.)

Autoaplicación de técnicas de relajación y respiración

Para:

- Reducir el nivel de activación
- Manejar situaciones estresantes
- Disminuir dolor de lesión
- Facilitar la visualización

Es recomendable que este tipo de técnicas se trabajen también en los entrenamientos para luego poder aplicarlas en las competiciones

Práctica en imaginación (visualización)

Se debe aprender a imaginar situaciones reales con la amplitud y claridad necesarias para contemplar todos los estímulos relevantes. La visualización es interesante para:

- Adquisición y perfeccionamiento de movimientos técnicos
- Mejorar el comportamiento táctico
- Preparar la actuación en competiciones concretas
- Ensayo y exposición a las condiciones de la competición
- Repaso de conductas prioritarias y relevantes
- Análisis retrospectivo de la actuación (ver todo lo que nos ha pasado)

Habilidades atencionales

- Enfoque atencional
- Autocontrol de interferencias
- Control del cansancio y dolor (ir desviando la atención al exterior o interior según convenga para tener sensaciones más placenteras)

Autoafirmaciones, autoinstrucciones y autorrefuerzos

- Autoafirmaciones: frases positivas que el deportista se dice a sí mismo para controlar su estado psicológico
- Autoinstrucciones: frases con órdenes concretas a realizar
- Autorrefuerzos: frases gratificantes tras realizar algo positivo (¡bien hecho!, ¡ahora, ahora estoy bien!!)

Es interesante tener algunas frases o palabras clave fijas que las relacionemos con realización de conductas positivas o con logros obtenidos y que nos hayan servido en otras competiciones. Son anclajes que hemos generado con el tiempo y nos meten en una situación positiva emocional.

3.5. FACTORES PSICOLÓGICOS DE RENDIMIENTO DEPORTIVO

Con el Cuestionario de Características Psicológicas relacionadas con el Rendimiento Deportivo (CPRD) se miden los siguientes factores: Control de Estrés, Influencia de la Evaluación del Rendimiento, Motivación, Habilidad Mental y Cohesión de Equipo. Gimeno, F., Buceta, J.M. y Pérez-Llantada, M.C. (2001).

Características de los factores:

Factor de Control del estrés.

El contenido de este factor abarca dos categorías:

- Las características de la respuesta del deportista (concentración, confianza, tensión) en relación con las demandas del entrenamiento y de competición.
- Las situaciones potencialmente estresantes que pueden provocar estrés y en cuya presencia es necesario el control.

Factor de Influencia de la evaluación del rendimiento.

El contenido de este factor, abarca dos categorías:

- las características de la respuesta del deportista ante situaciones en las que éste evalúa su propio rendimiento o se plantea que lo están evaluando personas significativas a él.
- los antecedentes que pueden originar o llevan implícita una valoración del rendimiento deportivo del deportista: las personas que emiten o pueden emitir juicios sobre la ejecución del deportista (entrenador, compañeros del equipo, espectadores, adversarios).

Factor de Motivación.

Este factor abarca los siguientes contenidos:

- la motivación-interés de los deportistas por entrenar y superarse día a día
- el establecimiento y consecución de metas u objetivos
- la importancia del deporte en relación con otras actividades y facetas de la vida del deportista
- la relación coste/ beneficio que para el deportista tiene su actividad deportiva

Factor de Habilidad mental.

Este factor incluye habilidades psicológicas que pueden favorecer el rendimiento deportivo:

- establecimiento de objetivos
- análisis objetivo del rendimiento
- ensayo conductual en imaginación
- funcionamiento y autorregulación cognitivos

Factor de Cohesión de equipo

Este factor se refiere a la integración del deportista en su equipo o grupo deportivo, y a la relación con el entrenador y la familia, abarcando los siguientes contenidos:

- relación interpersonal con los miembros del equipo
- relación interpersonal con el entrenador
- el nivel de satisfacción trabajando con los otros miembros del equipo
- la actitud más o menos individualista en relación con el grupo
- la importancia que se le concede al "espíritu de equipo"
- implicación de la familia en su compromiso deportivo
- referencia y apego a su ciudad o/y región

3.6. COMPETENCIAS DE LA PSICOLOGÍA DEL DEPORTE EN EL DEPORTE DE ALTO RENDIMIENTO

1. Planificación de los contenidos psicológicos.
2. Estrategias para la optimización de los contenidos psicológicos.

La psicología del deporte estudia el comportamiento humano en un contexto deportivo dado. La función principal del profesional de la psicología del deporte es contribuir a la mejora del rendimiento deportivo. El trabajo debe ser multidisciplinar ya que se establecen sinergias entre todos los componentes del equipo deportivo.

Según la realidad del contexto deportivo, el trabajo en psicología deportiva debe adaptarse a las situaciones concretas del equipo y de cada deportista.

En la actualidad el trabajo del profesional del trabajo mental en deporte se enfoca desde un aspecto formativo para los técnicos.

ESTRATEGIAS PSICOLÓGICAS MÁS DESTACADAS

- Evaluación objetiva
- Reestructuración cognitiva
- Modelado
- Programas de reforzamiento. Economía de fichas. Coste de respuesta
- Autoinstrucciones
- Establecimiento de objetivos de realización.
- Práctica graduada (ensayo progresivo de habilidades)
- Feedback.

- Ensayo conductual en imaginación (instrumento muy útil para ensayar y perfeccionar la mayoría de las técnicas atencionales)

DISTORSIONES COGNITIVAS MAS COMUNES QUE COMETEN LOS DEPORTISTAS

a) Perfeccionismo: se culpabilizan por cualquier fallo, se sienten presionados constantemente. Su autoconcepto va en función de los éxitos o fracasos que obtengan.
b) Catastrofismo: tendencia a pensar siempre lo peor, cada fallo se ve como algo nefasto y definitivo.
c) Relacionar valía personal y éxito: deportistas que se valoran solo en función del éxito (ganar, ser titular.)
d) Culpabilización: de los fallos a otros o a ellos mismos no se consigue realizar atribuciones de responsabilidad adecuadas sobre lo sucedido
e) Polarización: todo-nada, blanco-negro.
f) Sobregeneralización: a partir de unas pocas experiencias se generalizan todo tipo de situaciones.
g) Personificación: se sienten como causa de las derrotas y de los fracasos

La práctica imaginada

La práctica imaginada: destrezas psicológicas apropiadas para ser entrenadas

- Control cognitivo
- Control emocional
- Control atencional
- Desarrollo de autoconfianza
- Establecimiento de metas
- Control activación
- Rehabilitación psicológica de lesiones
- Ensayo visual
- Ensayo emocional
- Ensayo corporal

Mediante el uso de esta técnica el deportista puede reproducir, mentalmente los movimientos correspondientes a su ejecución (mejora de la concentración)

- Puede utilizarse como estrategia en el ámbito del aprendizaje de habilidades deportivas (aprender o mejorar destrezas físicas)

- En las sesiones de entrenamiento para repasar los movimientos correspondientes antes de intentar la ejecución en vivo (practicar estrategias de mejora técnica y táctica)
- Dotar al deportista de habilidades que el permitan enfrentarse de forma funcional, a los estímulos estresantes que se presenten durante la competición (control de variables fisiológicas y psicológicas)
- Fortalecimiento de la auto-eficacia, mediante la vivencia, en imaginación de experiencias de éxito (recuerdo y control de emociones)

FORTALECIMIENTO DE SU AUTOCONFIANZA

- Utilizar modelos significativos
- Plantear y conseguir objetivos de mejora realistas, con metas objetivas y a corto plazo
- Exigir según sean las posibilidades de los deportistas. Diseño de planes de trabajo personales.
- Evaluación de conductas de los deportistas no de "estados internos"
- Proporcionar Feedback
- Preparar específicamente las competiciones
- Controlar expectativas de rendimiento de sus deportistas
- Utilizar un sistema de evaluación apropiado

INTERVENCIÓN PSICOLÓGICA PARA AUMENTAR LA MOTIVACIÓN:

- Establecimiento de objetivos
- modelado
- matrices de decisiones
- contratos de contingencias
- registros conductuales
- feedback
- programas de reforzamiento

Modificación de una habilidad o comportamiento

- Control de los estímulos antecedentes.
- Control de procesos cognitivos que median entre los estímulos y las respuestas.
- Control directo de las respuestas.
- Control de las consecuencias.
- Control de la valoración subjetiva.

INTERVENCIÓN ESPECÍFICA EN DEPORTES DE EQUIPO

Ventajas e inconvenientes de la intervención en grupos pequeños en los deportes de equipo

Ventajas

- Optimiza el rendimiento de los deportistas al ser más reducido el grupo
- Facilita la identidad de subgrupo
- Crea subgrupos no establecidos
- Se puede lograr un compromiso mayor hacía el grupo
- Puede ser referente interesante para el resto del equipo el motivo de su pertenencia
- Favorece una mayor participación de cada componente en las reuniones
- Mejora la eficacia en las reuniones de trabajo psicológico y sesiones formativas

Inconvenientes

- El subgrupo puede eclipsar la identidad del grupo total
- Posible exceso de poder o influencia de determinados deportistas
- Posible pérdida de cohesión colectiva
- Un subgrupo muy importante y poderoso puede deteriorar la imagen del grupo de referencia

Obligaciones colectivas vs diferencias individuales

Es importante que las obligaciones se conozcan antes del compromiso con el equipo, así como determinar las obligaciones colectivas antes de que comience la actividad. Las obligaciones colectivas suponen una seña muy importante de identidad para el grupo.

Es importante que se analicen bien las ventajas e inconvenientes de las obligaciones, deben ser pocas, muy precisas, bien definidas y que no den lugar a dudas o interpretaciones.

Para ello se puede realizar de varias formas:

- Establecer las obligaciones colectivas del equipo y luego afiliar a los miembros dispuestos a cumplir dichas obligaciones
- Establecer las obligaciones según disposición de los deportistas
- Mixto: obligaciones según componentes clave y luego admitir a deportistas dispuestos a cumplirlo

- Se pueden y deben incorporar nuevas obligaciones en función de las demandas individuales y nuevas demandas colectivas ajustándolas al grupo

Las obligaciones individuales se derivarán pues del colectivo, pudiendo haber diferencias individuales siempre que queden bien explicadas y aceptadas por el resto del grupo y no atenten a su integridad como tal.

Deben establecerse mecanismos que palien los problemas posibles de decisiones diferenciadoras:

- Ventajas e inconvenientes de la excepción
- Alternativas a la excepción
- Formas de neutralizar los inconvenientes
- Cualidades individuales del deportista

Establecidas las obligaciones colectivas y normas de funcionamiento interno y admitidas las excepciones individuales, deben quedar claramente definidas las obligaciones individuales para con el equipo.

Sistemas de recompensas en los equipos deportivos: características principales

Con las recompensas se pretende incentivar a los deportistas por conseguir los objetivos propuestos.

No obstante, la práctica de las recompensas no se atiene a los principios psicológicos por lo que su eficacia disminuye o invalida el sistema establecido.

Las características principales que tienen los actuales sistemas de recompensa son:

- Se recompensa sólo el objetivo final y éste resulta muy alejado en el tiempo por lo que el sujeto no es capaz de "moverse" suficientemente por él. La relación de contingencia entre resultado de cada partido y el objetivo final es difícil de establecer.
- Existe también la dificultad para establecer una relación causal entre los puntos en juego y la recompensa acordada.
- La conducta presente no se relaciona pues con el objetivo final.

El conocimiento psicológico aconseja que se les recompense por la consecución de objetivos Inmediatos relacionados con el objetivo final.

Este sistema tiene las siguientes propiedades:

- Se establecen objetivos de resultado, a largo plazo y corto plazo, perfectamente coordinados
- Existen recompensas (contingencias positivas) en todas las competiciones del campeonato
- La cuantía de la recompensa aumenta cuando el equipo se enfrenta a los rivales peor clasificados
- La dificultad de las competiciones responde al criterio objetivo de la clasificación

El sistema favorecerá la no relajación o conformismo y que se tenga siempre un interesante incentivo extrínseco que les ayude a rendir mejor.

En caso de recompensas individuales, estas se vincularán tanto al rendimiento individual como al colectivo.

La actuación del entrenador para influir en las expectativas previas y las atribuciones de éxito/fracaso.

Actuación en expectativas previas

El papel del entrenador es vital para controlar las expectativas previas. Por ello debe desarrollar credibilidad con su comportamiento verbal cotidiano.

Debe tener en su conducta verbal un objetivo claro sin mezclar lo personal con lo deportivo.

Según las circunstancias de cada partido debe orientar adecuadamente las expectativas de los deportistas, generando una expectativa realista y consecuente con:

a) Resultados anteriores
b) Mejoras objetivas
c) Dificultades reales

Debe, por tanto, vincular la expectativa previa al rendimiento propio, siendo esta una expectativa que reconozca los recursos que los deportistas controlan.

En la neutralización de expectativas demasiado elevadas, es conveniente que no se menosprecie los recursos propios del equipo. La dificultad del partido se relacionará con:

a) Fracasos pasados
b) Puntos fuertes del rival

c) Acentuación de las dificultades de la competición
d) Experiencias negativas de otros equipos

Actuación del entrenador para influir en las atribuciones

Su capacidad de influencia dependerá de su credibilidad y habilidad para influir en el conocimiento de los deportistas.

El objetivo del entrenador es aprovechar la experiencia de cada competición para fortalecer la autoconfianza del equipo, por lo que provocará atribuciones internas, específicas y controlables utilizando un sistema adecuado para la evaluación de lo sucedido y analizando los datos en la dirección apropiada. Datos que sirvan para acentuar las atribuciones que se quieran destacar.

Puede ser conveniente en algún caso acentuar el éxito por atribuciones internas, pero destacando causas externas relacionadas; o bien por el contrario analizar y apuntar las conductas observables como más importantes frente a las supuestas atribuciones internas que las explican.

Todo esto no requiere más que algo de conocimiento y mucho de habilidad de los entrenadores para incidir e influir en la línea adecuada.

Cohesión. La labor del entrenador. Explicar los papeles individuales en el éxito del equipo.

Haciendo hincapié en la importancia del papel de cada jugador en el éxito colectivo. Cuando los deportistas entienden lo que se les exige a sus compañeros, pueden empezar a desarrollar el apoyo y la empatía entre ellos.

- Establecer objetivos de equipo estimulantes
- Estimular la identidad del equipo (especiales)
- Evitar la formación de grupillos
- Evitar la excesiva rotación
- Reuniones periódicas para resolver conflictos
- Permanecer en contacto con el ambiente del equipo: identificar a las personas cuya posición y prestigio dentro del equipo sean elevados.
- Conocer algo personal sobre cada miembro del grupo. El deportista valora mucho que el entrenador haga un esfuerzo especial por conocer su vida fuera del contexto del equipo. La disposición a escuchar pone también de relieve el interés y la atención que se tiene hacia los deportistas.

LA RELACIÓN DEL ENTRENADOR CON EL PROFESIONAL DE LA PSICOLOGÍA DEL DEPORTE

1. El trabajo del profesional de la psicología del deporte como asesor del entrenador.
2. El entrenador, el profesional de la psicología del deporte y los deportistas.

El profesional de la psicología del deporte es un técnico deportivo que forma parte del cuerpo técnico el cual es liderado por el entrenador. El entrenador principal es el líder natural del equipo:

- Es el gestor del grupo, sobre el recae la responsabilidad,
- Es quién mejor conoce a los deportistas.
- El entrenador es quién más influye en el desarrollo de los deportistas.
- Es quién tiene la autoridad, poder de decisión sobre ellos,
- Tiene el vínculo, ya que es con quién pasan más tiempo, cada día de entrenamiento.

En un equipo profesional:

a. Con el entrenador: relación directa, es con quién más comunicación establece.
b. Con el cuerpo técnico: formación continua, en un marco de comunicación con todos los miembros del equipo y atención a las demandas particulares.
c. Con el equipo:
   o Indirecta: es decir, a través del entrenador. El profesional de la psicología del deporte asesora al entrenador y el mensaje llega al equipo a través del entrenador.
   o Directa: a través de sesiones grupales con los deportistas.
d. Con los deportistas a nivel individual: sesiones individuales previamente planificadas en un marco de evaluación e intervención. Si se trata de un caso clínico, se debe derivar al deportista a un profesional de la psicología del deporte especializado en clínica.

En el deporte base

En este caso depende de muchos factores como, la cantidad de deportistas que haya los recursos humanos disponibles a la hora de contratar profesional de la psicología del deporte, pero, a rasgos generales se puede aplicar el procedimiento explicado anteriormente, es decir, el planteamiento según el cual se trabaja con los entrenadores de la cantera, con los deportistas a nivel individual y con el equipo.

En el caso de que se trabaje en la cantera de un club deportivo se debe tener en cuenta el trabajo con los padres:

- Es un ámbito desde el que también se puede llegar al deportista. Al fin y al cabo, en su casa es donde pasan la mayor parte del tiempo y es por ello que se debe conseguir que los padres sean cómplices y aliados de la educación deportiva junto con el entrenador.

El rol del profesional de la psicología del deporte con los padres en una academia de deporte puede ser también:

- Directo, comunicación entre la familia y el profesional de la psicología del deporte directamente. Preferiblemente en presencia del entrenador. También se puede llegar a ellos a través de la escuela de padres que consiste en reuniones periódicas con el objetivo de informarles acerca de que se espera de ellos, y proveerles de una serie de directrices o pautas que les resulten útiles a la hora de educar a sus hijos en la parte deportiva.
- Indirecto, a través del entrenador y es el quién comunica el mensaje a la familia.

Sin embargo, los medios y los recursos disponibles por los clubes hacen que el profesional de la psicología del deporte no siempre pueda desempeñar un rol tan completo como el que se señala anteriormente.

En un club de deporte modesto: categorías desde prebenjamin a juvenil y una sola figura de profesional de la psicología del deporte. En este caso se va a trabajar con los deportistas a través de la figura del entrenador.

Para trabajar con los entrenadores, se puede llevar a cabo a través de talleres formativos, dinámicos, y participativos.

Este formato de intervención en basado en la formación continua de los entrenadores, trae consigo múltiples beneficios para los técnicos que forman parte de las jornadas de formación y por tanto repercute en la calidad de la enseñanza del club.

- los talleres para entrenadores:
  - o se crea un espacio en el que fortalecen sus relaciones personales

  o normalizan experiencias ya que comprueban que sus dificultades suelen ser las mismas que las de sus compañeros

  o buscar soluciones y alternativas de manera conjunta lo cual favorece la creatividad

  o sentimiento de mejora en sus habilidades y desarrollo personal como entrenador

Cada caso es único y debe requerir una atención diferente señalando aspectos generales en los que se debe contribuir:

a. variables psicológicas que influyen en el rendimiento deportivo: motivación, nivel de activación, atención, concentración, estrés, confianza, cohesión de equipo, competitividad, creatividad.

b. Liderazgo: comunicación, autonomía emocional, relaciones interpersonales, crecimiento personal, asesoramiento para ruedas de prensa.

c. Deportistas lesionados: restablecimiento de objetivos, gestión del tiempo, relaciones sociales, hábitos de vida saludables.

Finalmente señalar la importancia de cumplir con el código deontológico:

- secreto profesional
- respetar la confidencialidad
- discreción con los medios de comunicación

NECESIDADES PSICOLÓGICAS DEL ENTRENADOR

El entrenador es el responsable de organizar, preparar y dirigir a sus deportistas, para que en función de los objetivos se obtenga el máximo beneficio.

En los clubes es la figura central que dirige todo el trabajo del equipo de profesionales que de forma interdisciplinar figuran o deberían figurar en las entidades deportivas. Debe ser el que coordine al médico, preparador físico, profesional de la psicología del deporte, fisioterapeuta, directivos, etc. de tal forma que todos tengan una visión común de la metodología y objetivos generales del entrenamiento y de la competición.

El entrenador no es suficiente sólo que tenga conocimientos de su deporte, debe ser capaz también de:

- motivar a sus deportistas
- comunicarse eficazmente con ellos
- tomar decisiones trascendentes
- orientar y coordinar los esfuerzos individuales

- negociar con los deportistas
- solucionar conflictos
- evaluar con objetividad
- tener relación óptima con directivos y padres de deportistas
- actuar con sistemática

Todo ello requiere del entrenador un funcionamiento psicológico apropiado:

- dominar conceptos y estrategias psicológicas
- tener autocontrol de su propio funcionamiento psicológico
- responsabilidades del entrenador
- establecer los objetivos deportivos
- establecer normas de funcionamiento interno de equipo
- asignación de roles y funciones a determinados deportistas
- planificar, conducir y evaluar el entrenamiento deportivo
- diseñar y preparar la estrategia a seguir en cada partido
- dar instrucciones antes y durante la competición
- evaluar el rendimiento de los deportistas

La preparación pues, que deben tener los entrenadores en los aspectos psicológicos se basará en:

- Conocer las variables psicológicas relevantes y las estrategias para su control
- Dominio de habilidades específicas
- Asesoramiento y formación continua por parte del profesional de la psicología del deporte deportivo
- Habilidades para autocontrol personal

HABILIDADES PSICOLÓGICAS DEL ENTRENADOR

En líneas generales el entrenador puede optimizar su rendimiento personal con las pautas de funcionamiento siguientes:

- Plantear objetivos a largo, medio, corto plazo e inmediatos tanto para el entrenamiento como para la competición
- Elaborar la planificación adecuada a esos objetivos
- Planificar el tiempo de los deportistas y el suyo propio
- Conocer y controlar las situaciones estresantes de su profesión
- Preparación para rendir en la competición
- Autoobservar y autoevaluar su nivel de activación antes, durante y después de la competición
- Dominar la autorregulación de su nivel de activación

- Tener estrategias para autocontrolar la atención
- Desarrollar habilidades de comunicación
- Dominar las habilidades de dirección
- Incorporar el análisis funcional a su método de evaluación
- Evaluar su propio rendimiento como entrenador

El funcionamiento eficaz del entrenador dependerá en gran medida de uso sistemático de estas habilidades. Por lo tanto, parece claro que la primera tarea de un entrenador es determinar las características de sus deportistas y sus prioridades.

TRABAJO PSICOLÓGICO DEL ENTRENADOR

- Tiene un cometido a parte y distinto al del profesional de la psicología del deporte deportivo, incorporando determinadas estrategias psicológicas a su método de trabajo.
- La evaluación psicológica por parte del entrenador se centrará en la conducta observable, utilizando el análisis funcional, registros observacionales y técnicas de entrevista.
- Utilizará estrategias de intervención como el modelado y las técnicas operantes.
- Manejara la motivación y la autoconfianza o el estrés, según pretenda aumentar o disminuir la activación positiva o negativa.

Las tareas primordiales a desarrollar por el profesional de la psicología del deporte, estarían encaminadas a orientar al entrenador sobre temas relacionados con el manejo de comunicación, uso de refuerzos, además de forma muy específica la motivación y la metodología del entrenamiento.

En consecuencia, el profesional de la psicología del deporte debe brindar sus conocimientos en favor del desarrollo del deporte, siempre que se dé a respetar como profesional y solo participe en aquello que esté relacionado con su profesión.

Las funciones del profesional de la psicología del deporte dentro de este ámbito incluyen las mencionadas como propias de su desempeño profesional:

a) Evaluación, entrenamiento y control de habilidades psicológicas específicas de las distintas modalidades deportivas.
b) Asesoramiento a los técnicos sobre planificación de objetivos, dirección de grupos, estrategias de comunicación, distribución de tareas, etc.

c) Asesoramiento directo a los deportistas sobre las relaciones con los medios de comunicación, finalización de la actividad, atención en caso de lesiones, etc.

d) Investigación, principalmente sobre técnicas de evaluación, control y entrenamiento, así como sobre programación y periodización del entrenamiento psicológico.

El profesional de la psicología del deporte es un colaborador del entrenador en pos del rendimiento deportivo, al igual como se entrenan las habilidades físicas lo mismo ocurre con las habilidades psicológicas (cognición, emociones, conducta, motivación, activación, conciencia, imaginación, concentración de la atención, comunicación) el control de estas variables nos asegurase el futuro éxito deportivo.

El profesional de la psicología del deporte constituye un asesor y colaborador del entrenador en aquellas tareas inherentes a la gestión del componente psicológico en los deportistas, criterio que se toma como referente en el presente trabajo.

Asimismo, Buceta, plantea que *"Un entrenamiento productivo parte de una planificación apropiada y, por ello, es conveniente que los entrenadores perfeccionen su forma de planificar, incorporando los conocimientos psicológicos pertinentes"*.

Por su parte, Acosta (2004) considera que la intervención del entrenador durante el proceso de entrenamiento debe ocurrir de manera sistemática para fortalecer el sentimiento de competitividad de él o los deportistas, reforzando así la autoestima. Y debe ser capaz de provocar cambios actitudinales en sus deportistas favoreciendo un clima psicológico positivo, descentralizando un poco el control y trasladándolo parcialmente a los deportistas, generalizando tareas de entrenamiento muy particulares hacia la cooperación y la integración del grupo.

La incorporación de la psicología a la labor del entrenador contribuye a que éste adopte las decisiones más oportunas y aplique eficazmente las técnicas psicológicas que, desde su condición de entrenador resulten más apropiadas en cualquier situación, por lo que debe considerarse que profundicen en la psicología e integren estos conocimientos en su actuación profesional para enriquecer su estrategia de dirección y planificación del entrenamiento deportivo.

1. Funciones del entrenador
   - Son los responsables de planificar, organizar, ejecutar y controlar de forma integral y sistemática las tareas de la preparación psicológica del deportista con su equipo.
2. Funciones del profesional de la psicología del deporte.
   - Brindar asesoría sistemática al entrenador durante el proceso de preparación psicológica en los equipos deportivos, interviniendo de forma directa en aquellos casos que requieran de su participación por exceder la profundidad del problema constatado a los conocimientos y habilidades del entrenador, además de controlar consecuentemente dicho proceso de preparación.

Entrenador y profesional de la psicología del deporte

El entrenador y profesional de la psicología del deporte deportivo son profesiones que hacen la vida del deportista, más equilibrada. En otras palabras, ayudan a cumplir las metas y sobrellevar todos los obstáculos que puedan presentarse en el camino.

De esta forma, existen muchas razones por las cuales tener un entrenador y profesional de la psicología del deporte:

- Estabilidad: la estimulación del entrenador para motivarte e impulsarte a ir por más, junto con las técnicas del profesional de la psicología del deporte para adquirir fuerza mental, dan como resultado estabilidad para suplir todas las exigencias que el deporte requiere.
- Confianza y relaciones interpersonales: el entrenador y profesional de la psicología del deporte son una gran ayuda en cuanto a incrementar tu autoestima y mejorar las relaciones interpersonales con tus compañeros.
- Reducen el estrés: el estrés es un factor negativo en el rendimiento deportivo. El profesional de la psicología puede proveer trucos y maneras de drenarlo. Y el entrenador centrarte en los objetivos para disipar cualquier tipo de estrés.

Los entrenadores y profesional de la psicología del deporte pueden hacer del deporte una actividad más placentera, organizada y sana. Por esta razón, es primordial su presencia para atender todos los requerimientos que el deportista no puede por sí solo.

3.7. EL ENTRENAMIENTO DE LOS DEPORTISTAS EN CONDICIONES ESTRESANTES DE LA COMPETICIÓN. CARACTERÍSTICAS Y ESTRATEGIAS

La competición deportiva reúne unas condiciones que la diferencian en gran medida del entrenamiento y que afectan al funcionamiento del deportista. Por ello esas condiciones deberían forma parte del programa del entrenamiento para ir teniendo un suficiente control sobre ellas.

El deportista sería capaz entonces de:

- Enfrentarse y habituarse, con eficacia, a las circunstancias perjudiciales de la competición
- Potenciar sus habilidades psicológicas de autorregulación
- Aplicar estrategias ambientales en el propio entorno de la competición
- Analizar las condiciones particulares de una competición

El buen competidor es el que adapta su potencial a las peores condiciones y en los momentos más críticos y controla eficazmente la situación rindiendo al máximo de sus posibilidades. El deportista competitivo disfruta con los retos, quiere competir y quiere ganar.

Cuando el deportista competitivo es además buen competidor podrá dirigir y controlar su competitividad, con la máxima eficacia y en la dirección adecuada. Por tanto, la capacidad competitiva debe entenderse como la cualidad de ser un buen competidor.

Exposición y ensayo en las condiciones de la competición

Condiciones de la competición a considerar

- Reglas y normas de la competición
- Presencia de jueces y árbitros
- Períodos de distinta intensidad de participación
- Dificultades táctico-estratégicas
- Incentivos de la competición. Condiciones motivantes
- Condiciones estresantes:
    - o competir en circunstancias desfavorables
    - o impacto de los errores
    - o actuar contra el reloj
    - o cambio de condiciones climáticas

Planificación de las sesiones de exposición y ensayo

Es aconsejable introducirlo en los entrenamientos para que los deportistas se habitúen a considerarlo parte fundamental en la preparación específica, pero debe hacerse alejado de competiciones importantes por el desgaste psicológico que tiene.

Solamente se realizarán ejercicios de este tipo cerca de las competiciones para aumentar la activación en caso de que los deportistas estén demasiado relajados.

La simulación de las condiciones de la competición se realiza por diferentes vías:

- La participación en competiciones de menor importancia
- Realización de competiciones-test con diversas opciones de distancias
- Realización de simulacros de competición
- Entrenamientos conjuntos
- Simulaciones varias en entrenamiento
- Aproximación a las condiciones de la competición mediante situaciones análogas (casi iguales)
- Exposición y ensayo en imaginación (trabajo mental)

Aproximación a las condiciones de la competición mediante situaciones análogas. Los elementos esenciales de las situaciones análogas son:

- Situaciones muy concretas y muy relevantes
- Que provoque una activación bastante elevada
- Que se puedan ensayar las conductas deportivas y las habilidades psicológicas de autorregulación
- Que no pueda salir de la situación estresante hasta finalizar el ejercicio

Evaluación del entrenamiento deportivo

La evaluación del entrenamiento tiene dos razones fundamentales:

- Conocer lo que ocurre verdaderamente en el tiempo del entrenamiento
- Hacer partícipes a los deportistas en ese proceso

Evaluación del contenido

Es necesario que se registre el trabajo realizado en cada sesión y se contraste con lo programado para realizar los ajustes necesarios en posteriores entrenamientos, así como para saber verdaderamente lo que se hace y no se hace.

Contenidos de referencia

- a) Capacidades físicas
- b) Preparación física para competición
- c) Aprendizaje técnico
- d) Aprendizaje táctico
- e) Habilidades psicológicas
- f) Ensayo para la competición
- g) Preparación específica de competiciones

Evaluación del volumen

Es una variable fundamental en el proceso de preparación de los deportistas y refiere la cantidad de trabajo que tiene que realizar.

El volumen se puede considerar a través de variables como el tiempo de los ejercicios, por las distancias realizadas, por el peso levantado, por el número de repeticiones o bien por la combinación de todas o algunas de las variables indicadas.

Evaluación de la intensidad

Se puede realizar de las siguientes formas:

- Por valoración subjetiva del entrenador
- Usando escalas subjetivas de 0-10 puntos justo después de cada ejercicio. Aquí es importante que deportista y entrenador sepan interpretar lo mismo.
- Por valoración subjetiva del deportista

Valoración objetiva de la intensidad

La tasa cardíaca o el ácido láctico permiten obtener medidas objetivas de la intensidad realizada. Por tanto, la utilización del pulsómetro resulta fundamental para saber la intensidad de esfuerzo y por tanto para su autorregulación.

Así mismo las tomas de lactato en sangre nos darán una medida del esfuerzo e intensidad realizado.

Estimación de la recuperación de los deportistas

Su función más importante en el entrenamiento diario es contribuir a controlar la intensidad global de la sesión, reduciendo o aumentando los intervalos entre ejercicios según el valor aportado.

Estimación de cansancio percibido

Es una variable importante pues nos puede ayudar a comprender el estado físico del deportista y la intensidad de la carga introducida.

La autoevaluación del cansancio por escala de 0-10 proporciona al entrenador las siguientes informaciones:

- Adherencia al entrenamiento
- Ajustes de intensidades y volúmenes
- Tolerancia al cansancio
- Capacidad de perseverancia
- Fatiga general

Evaluación del progreso de los deportistas

Se trata de establecer medidas a lo largo del tiempo para conocer las mejoras producidas a todos los niveles de trabajo (en todos los contenidos del entrenamiento).

La condición táctica, técnica y psicológica no debe aquí ignorarse, pues casi siempre se establecen los progresos por las valoraciones físicas.

Evaluar a conciencia en el entrenamiento y en la competición:

- La ejecución técnica
- El comportamiento táctico-estratégico
- Plan estratégico
- Mantenimiento del plan y táctica
- Decisiones sobre la ejecución inmediata

Evaluación de los objetivos establecidos

Es importante que los entrenadores diseñen instrumentos (hojas de registro) para evaluar los objetivos propuestos a principio de temporada, tanto de resultado como de realización, para determinar fechas de consecución, dificultades surgidas y otras observaciones.

Autorregistros

Los autorregistros y diarios de entrenamientos son sistemas de autovaloración sencillos y aportan una cantidad de información que favorece el progreso en el entrenamiento y en la competición. También resulta muy favorable para la evaluación de las variables psicológicas más relevantes (estrés, autoconfianza, activación, etc.)

Evaluación de la conducta del entrenador

En este caso se puede recurrir a la grabación de una sesión de entrenamiento o la utilización de un observador (psicólogo deportivo) para determinar la utilización de los recursos del entrenador y la forma de hacerlo.

Es necesario que el entrenador en su afán de superación sea autocrítico se deje aconsejar por terceras personas en la disposición de sus recursos como entrenador.

En ese sentido el psicólogo deportivo realizará las funciones siguientes con respecto al entrenador:

- Detectar la necesidad de evaluar algún aspecto del entrenamiento y plantearlo al entrenador
- Orientarle sobre el procedimiento y los instrumentos a realizar (tipo de hojas, etc.)
- Diseñar los instrumentos según objetivos y contenidos
- Orientar sobre el procedimiento de registro
- Ayudar al entrenador a interpretar los datos obtenidos
- Ayudar a elaborar las conclusiones válidas
- Encargarse de la evaluación de los aspectos psicológicos

3.8. LA PREPARACIÓN PSICOLÓGICA PARA LA COMPETICIÓN. PERÍODOS DE LA COMPETICIÓN

Período previo a la competición

Preparación psicológica días-horas anteriores al inicio de la competición

En esta fase la preparación va encaminada a tres parcelas:

- Acondicionar al organismo para el sobreesfuerzo: alimentación, descanso, digestión, sueño, etc.
- Puesta a punto atencional: para rendir bien desde el primer momento (recordar plan estratégico)

- Fortalecer autoconfianza: pensar en nuestros mejores recursos

Planificar actividades y programar el tiempo

Desde el último minuto del último entrenamiento, hasta los momentos inmediatos a la competición: programar todo en forma escrita empezando por el final ajustando tiempo y tareas.

- Acondicionamientos físicos
- Actividades en lugar de concentración
- Actividades de ocio para distraer la atención (paseos, ver tv, etc.)
- Adaptación al horario de la competición

Control de estrés y sus efectos

- Hay que mantener el nivel de activación bajo
- Controlar toda situación estresante
- Controlar pensamientos estresantes: de duda, de baja autoestima, ver a otros rivales, etc.
- Disminuir la activación haciendo relajación

Conciliar bien el sueño

- Con estrategias sencillas de relajación, detención del pensamiento, imágenes positivas y tranquilas
- Preparación de la actividad
- No pensar en errores cometidos anteriormente
- No realizar ejercicios que conlleven tensión: no intentar aprender ninguna habilidad nueva

Preparación psicológica momentos inmediatos al inicio de la competición

Queda una o dos horas para la competición y el deportista debe actuar con la mayor eficacia y precisión, por lo que todos los factores que pueden influir deben quedar controlados.

Plan de conductas rutinarias

Es muy importante que se establezca una cadena de rutinas, un patrón de funcionamiento para que se realice todo de forma automática.

- Vestirse, vendarse, calentar, preparar materiales, ayudas ergogénicas
- Repasar todo con tiempo suficiente

- Observar el nivel de activación y autorregularlo
- Aquí las instrucciones del entrenador deben ser cortas y muy precisas

Programación del tiempo

- De nuevo tener programado el tiempo, calculándolo hacia atrás

Controlar las situaciones ambientales importantes

Control del nivel de activación

- Se debe comenzar la actividad con el nivel óptimo por lo que habrá que ir realizando autoobservaciones y ajustes
- Recordar: autoobservación, autoevaluación, autorregulación (escala 0-10)

Control de la atención

- Concentración en las pequeñas precisiones del entrenador
- Concentración y atención a nuestro cuerpo en el calentamiento final
- Controlar pensamientos negativos y centrarse en estímulos concretos
- Repaso final en imaginación, sin dispersión de conductas prioritarias

Durante la competición

- Período de participación activa: donde los deportistas deben rendir al máximo de sus posibilidades sin ningún descanso
- Período activo de intensidad menor: donde las demandas de la actividad bajan y los deportistas pueden tomarse un respiro

Período de participación activa

Este período requiere del deportista un estado de alerta intenso sobre los rivales y otros estímulos ambientales. También la toma de decisiones es determinante por la cantidad de alternativas que deben considerarse. La eficacia de la ejecución de conductas es también predominante y fundamental en este momento de la competición.

Activación y atención

Activación y atención facilitarán que los deportistas decidan y ejecuten correctamente en cada situación concreta, favoreciendo el estado de fluidez física y mental que hace poder rendir al máximo nivel, dominando la situación y el funcionamiento automático.

Situaciones interferentes

- Externas
  - o Acción de rivales, decisiones de jueces, aciertos o errores propios, posibles indicaciones del entrenador
- Internas
  - o Pensamientos, imágenes, sensaciones, etc.
  - o En ambos casos se trata de situaciones que pueden alterar el nivel de activación óptimo y la conducta atencional más apropiada, perjudicando el rendimiento de los deportistas.

Situaciones específicas potencialmente estresantes

- Resultado momentáneo de la competición
- Tiempo que resta para concluir
- Cuanto más incierto sea el resultado y menor el tiempo restante, producirá alteraciones más perjudiciales en el nivel de activación y la atención

Preparación del deportista para este período

- Que el deportista llegue a la competición con el nivel de activación óptimo y que lo regule durante la competición según las demandas utilizando las estrategias adecuadas
- Realizar ensayos de exposición a situaciones iguales
- Debilitar el impacto de los errores momentáneos modificando la interpretación subjetiva que el deportista puede hacerse "no pasa nada, un esfuerzo mayor".
- Corregir funcionamientos defectuosos en períodos de intensidad menor

Período de intensidad menor

Al ser la intensidad menor pueden realizarse algunas tareas propias de los períodos de pausa.

Características de este período

- Hay que saber identificar bien este período
- Identificar estímulos que determinen el fin de este período
- Entrenarse para las respuestas automáticas y rápidas que deben dar en esos casos

Aplicación de estrategias

- Identificar la intensidad menor
- Evaluar la activación y regularla
- Análisis de la situación deportiva
- Darse instrucciones concretas
- Centrar la atención en pensamiento positivos
- Detener el pensamiento negativo
- Utilizar el reenfoque atencional
- Elevar el estado de alerta para reaccionar rápidamente

Período después de la competición. Necesidades de este período

a) Recuperación física
b) Recuperación psicológica (del sobreesfuerzo mental y del impacto emocional positivo o negativo)
c) Evaluación de lo sucedido

Utilización de la psicología deportiva para la recuperación física post-competición

- Adherencia a medidas y ejercicios recuperadores (estiramientos, masajes, etc.)
- Técnicas de relajación

Para aumentar la motivación y adherencia a los ejercicios recuperadores utilizaremos hojas informativas, matrices de decisiones, hojas de registro, aplicación de programas de reforzamiento.

En cuanto a la relajación muscular se utilizarán las técnicas psicológicas para favorecer la percepción de control sobre el propio organismo.

Utilización de la psicología deportiva para la recuperación psicológica post-competición:

1) Darse un período de tregua no pensando en la competición
2) Utilización de relajación y autoinstrucciones
3) Utilización de la visualización para optimizar el recuerdo
4) Evaluación apropiada de lo sucedido
5) Valoración del rendimiento independientemente del resultado
6) Objetivos de realización conseguidos
7) En conductas concretas valorar datos objetivos y subjetivos
8) Planteamiento de nuevos objetivos de resultado y de realización
9) Incrementar la motivación
10) Aumentar la autoconfianza

11) Destacar cosas bien hechas
12) Señalar otras mal hechas pero corregibles
13) Señalar cosas mal realizadas corregibles a largo plazo

Teniendo en cuenta lo anterior es conveniente que los entrenadores

- Se centren en las conductas de ejecución y no en los resultados
- Se refieran a conductas concretas
- Propiciar percepción de control
- Centrarse en cuestiones relevantes
- Realizar una evaluación constructiva
- Incluir el mayor número posible de datos
- Organizar el entrenamiento en base a estas valoraciones
- Los resultados se considerarán con respecto a competiciones alejadas

Preparación personal para la actuación en la competición. Puesta a punto psicológica

El propósito es que los deportistas lleguen al inicio de la competición en las mejores condiciones posibles, físicas y psicológicas, para rendir al máximo de sus posibilidades.

Tareas fundamentales a realizar:

- Programar el tiempo
- Descansar lo necesario
- Realizar bien la digestión
- Tener una activación apropiada
- Establecer objetivos prioritarios de actuación. Control de expectativas
- Realizar secuencia rutinaria precompetitiva
- Elaborar planes atencionales
- Anticipar posibles dificultades
- Repasar en imaginación

3.9. PREPARACIÓN ESPECÍFICA DE COMPETICIONES

Elección de estrategias

El objetivo de la preparación específica es seleccionar y poner a punto los recursos apropiados para que los deportistas rindan al máximo de sus posibilidades. Es importante en este apartado hacer una valoración de recursos entre el deportista y el entrenador, asesorados por el psicólogo deportivo en caso de disponer de él.

Se trata de hacer un análisis y toma de decisiones de las circunstancias que rodean a esa competición concreta para determinar las demandas de rendimiento exigidas y preparare el plan de actuación:

- Objetivos de resultado pretendidos (puesto, marca)
- Estado de forma del propio competidor
- Tipo de competición
- Características de rivales

Es recomendable también preparar alternativas válidas a posibles dificultades que interfieran la estrategia. Esto puede realizarse en un instrumento (hoja de medida) que nos aporte una visión clara de los que podemos y debemos hacer.

Ensayo en las condiciones específicas

- Conviene que los ensayos no estén demasiado próximos a la competición si se realiza de forma muy estresante (una semana de antelación)
- También se puede realizar en imaginación toda o alguna parte de la competición
- Un día antes de la competición debe predominar el ensayo en imaginación sobre el ensayo en vivo
- Se deben ensayar las habilidades psicológicas que el deportista domine (autoinstrucciones, autorrefuerzos, etc.)

Efectos psicológicos de la preparación específica

- Fortalece la autoconfianza, ya que aumenta el control sobre la competición
- Se controla el estrés que generan las competiciones
- Aumenta la motivación, pues a los deportistas les gusta y divierte preparar así las competiciones

- El control de la atención sale favorecido, ya que tienen mayores referencias sobre lo que va a ocurrir y con ello más y mejores alternativas.

4. HABILIDADES PSICOLÓGICAS DEL ENTRENADOR

4.1. FUNCIONAMIENTO EFICAZ DEL ENTRENADOR

Características del entrenador competente. Eficacia deportiva.

La excelencia deportiva y con ella el rendimiento deportivo, está determinado por un amplio abanico multifactorial donde los aspectos psicológicos, sociales y comportamentales son primordiales y cada vez tienen una influencia mayor en el deportista. El contexto social o situacional, la autoeficacia percibida, la práctica del deporte, el clima motivacional, y sobre todo el papel del entrenador son, a nuestro entender, los aspectos más significativos que establecen la orientación positiva de los deportistas.

Esta relación de las funciones del entrenador con dichos aspectos del rendimiento es lo que nos lleva a realizar el estudio presente. El liderazgo del entrenador, sus características de instructor y formador de deportistas competentes, así como las capacidades psicológicas de estos en relación el rendimiento deportivo son las líneas básicas de nuestro trabajo. Investigación que trata de aportar una nueva mirada hacia la necesidad de desarrollar la madurez personal y emocional de los competidores como condición de excelencia del entrenador y consideración de deportista experto.

En líneas generales el entrenador puede optimizar su rendimiento personal con las pautas de funcionamiento siguientes:

- Plantear objetivos a largo, medio, corto plazo e inmediatos tanto para el entrenamiento como para la competición
- Elaborar la planificación adecuada a esos objetivos
- Planificar el tiempo de los deportistas y el suyo propio
- Conocer y controlar las situaciones estresantes de su profesión
- Preparación para rendir en la competición
- Autoobservar y autoevaluar su nivel de activación antes, durante y después de la competición
- Dominar la autorregulación de su nivel de activación
- Tener estrategias para autocontrolar la atención
- Desarrollar habilidades de comunicación

- Dominar las habilidades de dirección
- Incorporar el análisis funcional a su método de evaluación
- Evaluar su propio rendimiento como entrenador

El funcionamiento eficaz del entrenador dependerá en gran medida de uso sistemático de estas habilidades. Por lo tanto, parece claro que la primera tarea de un entrenador es determinar las características de sus deportistas y sus prioridades.

Conducta del entrenador en la sesión

- explica el objetivo de la sesión
- explica el objetivo del ejercicio
- explica el ejercicio adecuadamente
- trabaja cada ejercicio el tiempo suficiente
- el entrenador no trabaja con estrés
- dispone adecuadamente el espacio de trabajo
- se asegura de la comprensión del ejercicio
- mira a los deportistas cuando se dirige a ellos
- tono, volumen y la velocidad de voz adecuados
- las instrucciones son claras
- las instrucciones son precisas
- presta la atención adecuada a los deportistas
- hace de modelo para mostrar la conducta objetivo
- utiliza un modelo competente

Emplea el estilo de enseñanza:

a) descubrimiento guiado
b) asignación de tareas
c) resolución de problemas
d) enseñanza recíproca
e) enseñanza individualizada
f) estilo dirigido

a) se centra en la realización de la conducta
b) aprecia los estímulos antecedentes relevantes
c) aporta feedback inmediato
d) utiliza correctamente el reforzamiento social
e) aplica correctamente reforzamiento o castigo

Estilos de toma de decisiones

- Autocrático. Toma las decisiones sin consultar
- Consultivo. Consulta a todos y se reserva la decisión final
- Participativo. Se convierte en miembro más del grupo. Todos deciden
- Delegatorio. Delega responsabilidades

En función de las circunstancias concretas los entrenadores utilizarán el estilo de decisión más apropiado en cada momento:

- Urgencia de la decisión
- Calidad de la decisión
- Información de que dispone
- Complejidad del problema
- Conveniencia de la aceptación de la decisión por parte de los deportistas
- Evidenciar su poder
- Cohesión de grupo

En los deportes individuales los estilos participativos son más necesarios que en los deportes de equipo. En el deporte parece más conveniente este modelo de toma de decisiones junto con el consultivo y delegatorio, aconsejándose reservar el estilo autocrático para momentos en que las circunstancias lo exijan.

Muchos entrenadores adoptan sistemáticamente el estilo autocrático por carencia de habilidades de dirección y comunicación.

Para resumir este apartado, el entrenador debe:

- Saber elegir y delimitar las decisiones
- Definir el problema sobre el que va a decidir
- Plantear las distintas alternativas
- Saber utilizar todos los estilos de toma de decisiones y alternarlos correctamente
- La forma y el momento de la decisión es lo más importante

Trabajo psicológico del entrenador

- Tiene un cometido a parte y distinto al del psicólogo deportivo, incorporando determinadas estrategias psicológicas a su método de trabajo.

- La evaluación psicológica por parte del entrenador se centrará en la conducta observable, utilizando el análisis funcional, registros observacionales y técnicas de entrevista.
- Utilizará estrategias de intervención como el modelado y las técnicas operantes.
- Manejara la motivación y la autoconfianza o el estrés, según pretenda aumentar o disminuir la activación positiva o negativa.

4.2. EXCELENCIA DEPORTIVA DEL ENTRENADOR

El entrenador excelente

Para poder realizar progresos significativos con el fin de maximizar el rendimiento, debe prestarse atención al crecimiento personal y al desarrollo de los deportistas jóvenes. Las situaciones de estrés psicológico que genera el deporte actual son tremendas y la mayoría de los deportistas que presentan un rendimiento bueno y consistente son también los que están más maduros y sanos a nivel psicológico. Saben adaptarse a las situaciones de cambio, mantener autodisciplina y una actitud comprometida hacia su actividad (Davies, 1991).

El entrenamiento de la "emocionalidad" podría suponer, además de una mejoría en la calidad de vida, un óptimo estado del deportista frente al reto de la competición (Hernández Mendo, Guerrero Manzano, y Arjona Arcas, 2000). Para estos autores inteligencia emocional tiene su origen en la inteligencia social, y definen esta última como "la habilidad para entender los sentimientos, pensamientos y comportamientos de las personas, incluido uno mismo, en situaciones interpersonales y actuar apropiadamente de acuerdo a ese entendimiento".

Los agentes psicosociales de mayor influencia en la vida del joven deportista son los padres y los entrenadores. La autoestima del deportista se conforma a partir de las interiorizaciones de las percepciones de estas redes de apoyo social y su mejor o peor adaptación al entorno de la competición deportiva dependerá del desarrollo equilibrado de los procesos cognitivos, sociales y afectivos en su interacción con ese entorno (Pallarés, 1998).

El complejo mundo de las relaciones humanas dentro de los equipos deportivos se nutre de un bien entendido sentido de la afectividad, que propicia el respeto mutuo, la estima recíproca hacia el esfuerzo, la comunicación entre todos y el continuo fluir de las emociones (Coca, 2004).

La forma de estructurar el entrenamiento define un clima motivacional contextual. En ellos deben darse situaciones caracterizadas por la competición interpersonal, la evaluación pública y retroalimentación normativa sobre el desempeño de las tareas que ayuden a que aparezca un estado de implicación personal (Cervelló Gimeno, 2002). Según Cervelló (2002) el clima motivacional situacional es el responsable de la aparición del estado de implicación referido a criterios de éxito. Estos entornos que enfatizan el proceso de aprendizaje, la participación, el dominio de la tarea y la resolución de problemas tienden a fomentar la aparición de una implicación a la tarea.

El entrenador es un agente social, pues consideramos su función desde una perspectiva social-cognitiva (Nicholls, 1989), tanto por las variables personales como por las situacionales, que serán las responsables de los pensamientos, sentimientos y conductas de las personas. En los entornos de logro, los objetivos de logro, gobiernan las creencias sobre el logro y guían de forma consecuente nuestro comportamiento.

"El entrenador juega aquí un papel de primer orden en la medida que sirve para dar confianza, es el ancla en el que se amarrará el deportista cuando así lo necesite. Es el faro que alumbrará las dudas del deportista ante aspectos del deporte o de su propia vida. Tomar conciencia de ello es imprescindible para poder guiar consecuentemente la carrera deportiva del deportista" (Ruiz Pérez y Sánchez Bañuelos, 1997).

El entrenador debe diseñar un ambiente que mejore el aprendizaje, la ejecución y el desarrollo del joven deportista, aumentando su motivación al ser evaluados por su mejor técnica y por su esfuerzo con un feedback y un refuerzo bien proporcionados (Boixadós et al., 1998).

La influencia que ejerce el entrenador como líder del grupo deportivo es un aspecto muy importante de la socialización (Peiró, 1990): su estilo de dirección, su conducta de apoyo social y refuerzo, la forma de instruir y la información y feedback que proporciona a los deportistas serán determinantes en el rendimiento general del deportista.

El Modelo Multidimensional de Chelladurai y Saleh (1978) conceptualiza el liderazgo como un proceso de interacción, sosteniendo que la efectividad del líder en el deporte está asociada a características situacionales tanto del líder como de los integrantes del grupo. De esta forma, el liderazgo efectivo varía en función de las características de los deportistas y de las limitaciones de la situación.

De este modelo de escala de liderazgo para los deportes (LSS, Leadership Scala for Sports) de Chelladurai y Saleh ha surgido la adaptación y validación realizada por Sánchez Bañuelos (1996).

El liderazgo es a su vez un proceso conductual que influye sobre las actividades de un grupo organizado dirigido a obtener unas metas específicas (Barrow, 1977). En este sentido la cohesión de equipo es determinante y el entrenador deberá tenerlo en cuenta. Según Schein (1970) se produce un contrato psicológico entre líder y seguidores, por el cual los miembros del grupo ejecutan las tareas y esperan ciertas recompensas implícitamente pactadas como reconocimiento, privilegios, etc. El refuerzo se convierte entonces en un factor concluyente en la relación del entrenador con el deportista.

El liderazgo significa también saber crear un sistema de creencias y valores en sus seguidores. El entrenador debe tener una concepción humanista de su trabajo, trabaja con seres humanos y debe saber manejar bien los sentimientos y la emociones.

El líder es un seductor que practica el arte de convencer, conjugando capacidades y voluntad en busca de un fin que nos proporcione sentido y satisfacción (Valdano y Mateo, 1999). La clave está en la credibilidad que impone el conocimiento y la pasión que provoca el seductor; sin pasión humanista no hay auténtico líder. El liderazgo se obtiene a base de sacrificio, experiencia y reflexión.

En los años de la adolescencia el factor motivador del técnico se combina con el grupo de iguales. A medida que la edad aumenta, el interés y el esfuerzo personales van adquiriendo mayor importancia; hay mayor autonomía personal y menor influencia del entorno. En el caso del entrenador, si no es capaz de tener en cuenta los cambios en el proceso de maduración del deportista podrá ser rechazado por este (García Ferrando, Puig Barata, y Lagardera Otero, 1998).

En definitiva, el entrenador es un madurador de personas, un profesional del desarrollo personal del deportista, un educador de sentimientos y emociones, un modulador de la conducta óptima del competidor, un transformador de lo inmaduro en equilibrio y armonía.

Conseguir que el deportista tenga una mayor madurez personal, una mayor inteligencia emocional (Goleman, 1996) o, según Arruza (Arruza, Balagué, y Arrieta, 1998) y Balaguer (Balaguer, 1994), una tolerancia psicológica más alta, es parte inherente a su función de entrenador y a realizar una enseñanza de calidad. Es condición indispensable para considerarle como un entrenador excelente.

El deporte, como la vida, es un proceso constante de transición y adaptación; cuanto mejor se sepa afrontar este proceso, más feliz y más sano será uno y más realizado te sentirás. El verdadero viaje está en el amor que sentimos por el viaje, no necesariamente en llegar a un lugar determinado. Ser el que tú quieres ser: eso es el éxito (Orlick, 2004).

4.3. FACTORES DE LIDERAZGO

En cuanto a la Escala de Liderazgo para los deportes de Sánchez Bañuelos, el objetivo del cuestionario es la evaluación de una serie de aspectos relacionados con las conductas específicas del entrenador deportivo relativas a su papel como líder de deportistas y de grupos deportivos.

El instrumento aborda la problemática en cuestión desde tres perspectivas:

- Las preferencias del deportista sobre lo que consideran debe ser la conducta del entrenador ideal
- La percepción del deportista del tipo de comportamiento de liderazgo de su entrenador en el día a día del entrenamiento
- La percepción que tiene el propio entrenador de su conducta en relación a su grupo, es decir su propio comportamiento de liderazgo.

Se trata por tanto de analizar la discrepancia entre lo que quiero y lo que tengo en relación, a la dinámica de entrenamiento, frente al éxito deportivo que el grupo deportivo tiene en la actualidad.

Los factores validados y ordenados según la varianza explicada en la adaptación de Sánchez Bañuelos (1996) son los siguientes:

1) Factor de Instrucción y dirección del grupo
    - Conducta de entrenamiento e instrucción en la que el entrenador facilita técnicas y tácticas, clarifica las relaciones de los componentes, estructura y coordina las actividades.
2) Factor de Permeabilidad a la opinión.
    - Conducta del entrenador relacionada con el dialogo, la petición de opiniones y la valoración en grupo.
3) Factor de Apoyo social.

- Conducta del entrenador caracterizado por una preocupación individual por los deportistas, por su bienestar y por un ambiente positivo para el grupo.
4) Factor de Previsión y organización.
   - Conducta positiva de asignación y organización del trabajo.
5) Factor de Refuerzo.
   - Referido a la provisión de refuerzo a los deportistas mediante el reconocimiento y la recompensa a su buen rendimiento.
6) Factor de Margen de iniciativa al deportista.
   - Estilo democrático de toma de decisiones, concediendo participación a los deportistas en metas y objetivos, así como en tácticas y estrategias de la competición.

Investigaciones significativas (Lapuente, 2005) apuntan a que el peso porcentual de cada factor en el proceso de interacción entrenador-deportista es el siguiente:

- Factor de Instrucción y dirección del grupo   23 %
- Factor de Previsión y organización   22 %
- Factor de Refuerzo   20 %
- Factor de Apoyo social   15 %
- Factor de Permeabilidad a la opinión   10 %
- Factor de Margen de iniciativa   10 %

Además de investigar la relación existente entre los factores de ambos instrumentos, hemos querido introducir algunas variables más que consideramos interesantes y necesarias para extraer mayor información de nuestros sujetos de estudio, tanto deportistas, como entrenadores.

4.4. CARACTERÍSTICAS DEL ENTRENADOR EXPERTO

Con grandes conocimientos de su deporte, preocupado sobre todo por instruir y formar bien a sus deportistas dentro de un marco de respeto, de consideración mutua y de afectividad unida a la exigencia hacia el trabajo; con una exhaustiva planificación y organización del entrenamiento y de la competición, que utiliza de manera consciente y apropiada el refuerzo y feedback positivo, y ajusta los objetivos de manera adecuada y congruente (Balaguer, 1994). Utiliza el apoyo social de forma mesurada y adaptado a cada deportista. Pide la opinión de sus jugadores con frecuencia y les aporta márgenes de responsabilidad y de iniciativa proporcionados a su edad y al momento competitivo en que se encuentren. Preocupado fundamentalmente, por hacer madurar emocionalmente al joven paralelamente a su proceso de mejora como competidor.

Estas características coinciden con algunos autores (Thiess, Tschiene, y Nickel, 2004) que expresan las condiciones fundamentales de un entrenador experto en que:

- Refuerzan y estimulan, dan tranquilidad y confianza
- Aclaran y estructuran, ayudan y apoyan, convencen globalmente y toman en serio a sus deportistas
- Tienen una imagen positiva de sí mismos, son prototipos y personas de referencia, motivados y ambiciosos, pero sin buscar la fama
- Son especialistas en capacidades comunicativas y se orientan hacia los objetivos, piensan positivamente y constructivamente
- Estimulan y proporcionan tareas desafiantes
- Están presentes de forma sencilla, dando refuerzos y ánimo continuos

Definición del entrenador experto

Apasionado por su tarea, aprecia el detalle técnico, se considera capacitador de personas y entiende la exigencia y la afectividad como inseparables. Más que apreciado, es líder de sus deportistas, entre otras razones, por transmitirles ilusión, entrega, seriedad, y honestidad, respeto y conocimiento. Analiza todo, al punto de ser sistemático en su quehacer. Se considera sobre todo competente en la disciplina deportiva, aunque le interesan las relaciones humanas y valora las cuestiones de psicología deportiva. Se define como un entrenador con autoridad, sin ser duro, y por encima de todo habla de capacidad de esfuerzo y crea mucho compromiso. Prefiere competidores maduros y por ello les forma en un entorno de respeto y afectividad, pues según comentan ellos mismos: *"No puedo exigir a nadie sin dar afectividad"*.

Sabe manejar la forma de enseñar el deporte y de corregir errores de tal manera que el deportista tolera bien las evaluaciones del exterior y presenta una buena valoración de su rendimiento. Le instruye en estrategias psicológicas para el entrenamiento y la competición. Crea los recursos necesarios para mantener una motivación adecuada. Intenta transmitir la mayor serenidad y equilibrio posible para generar autocontrol en sus discípulos. Y adecua intereses, expectativas, necesidades y motivaciones de todos los componentes del equipo para conseguir compromiso y una razonable cohesión grupal.

4.5. EL APOYO SOCIAL DEL ENTRENADOR

En los años de la adolescencia el factor motivador del técnico se combina con el grupo de iguales (compañeros y amigos). A medida que la edad aumenta, el interés y el esfuerzo personales van adquiriendo mayor importancia; hay mayor autonomía personal y menor influencia del entorno. En el caso del entrenador, si no es capaz de tener en cuenta los cambios en el proceso de maduración del deportista podrá ser rechazado por este (García Ferrando, Puig Barata, y Lagardera Otero, 1998).

Rendir y madurar constituyen juntos el modo y manera en que el hombre está determinado para devenir un hombre completo, para crecer, para madurar y para proporcionar su fruto (Dürckheim, 1996).

El liderazgo tiene que ver con el esfuerzo permanente, con la capacidad de entender las emociones de los demás y controlar la propia. Saber gestionar emocionalmente cada situaciones parte del éxito que todo entrenador puede aportar a un equipo (Imbroda, 2004).

La orientación deportiva de los jóvenes

La orientación deportiva es el proceso de ayuda técnica y humana dirigido al deportista para conseguir mayor autonomía personal y madurez social a la vez que competencia en su deporte.

Es un derecho que tiene todo deportista joven que necesita ajustes en sus intereses, necesidades, expectativas y motivaciones. Estos ajustes los tiene que realizar el entrenador, en base a las aspiraciones y aptitudes del deportista, pues es o debe ser la persona que, de manera integral, más información tenga.

La orientación debe considerarse como un proceso continuo a través de todas las etapas de desarrollo del deportista, y todas las categorías hasta su paso a la categoría senior. Desde la adquisición de la mayoría de edad, 18 años, hasta aproximadamente la edad de 23, el deportista, sea del nivel que sea, se encuentra en una etapa crucial para su continuidad en el deporte.

Por ello, la orientación deportiva se nos presenta, como una autentica formación, como una posibilidad de generar en el deportista una adecuada toma de decisiones.

El proceso de orientación podemos trabajarlo de forma primaria desde la mejor vinculación hacia la actividad, esto es, desde la adherencia a la especialidad deportiva y a las actividades asociadas al entrenamiento cotidiano.

La adherencia al entrenamiento se refiere al grado de cumplimiento de los deportistas hacia el mismo:

- Asistencia y puntualidad a sesiones
- Realización del plan de entrenamiento
- Esfuerzo realizado en las tareas

Una adherencia (o apegamiento a la actividad) deficitaria o excesiva, impide que el plan de entrenamiento se realice como debería. Esto lo debe tener en cuenta el entrenador y actuar en consecuencia ajustando esos déficits o esos excesos para que los objetivos marcados puedan conseguirse.

4.6. CLIMA MOTIVACIONAL DEL GRUPO DEPORTIVO

La forma de estructurar el entrenamiento define un *clima motivacional* contextual. En ellos deben darse situaciones caracterizadas por la competición interpersonal, la evaluación pública y retroalimentación normativa sobre el desempeño de las tareas que ayuden a que aparezca un estado de implicación personal (Cervelló Gimeno, 2002). Según Cervelló (2002) el clima motivacional situacional es el responsable de la aparición del estado de implicación referido a criterios de éxito. Estos entornos que enfatizan el proceso de aprendizaje, la participación, el dominio de la tarea y la resolución de problemas tienden a fomentar la aparición de una implicación a la tarea.

El entrenador es un agente social, pues consideramos su función desde una perspectiva social-cognitiva (Nicholls, 1989), tanto por las variables personales como por las situacionales, que serán las responsables de los pensamientos, sentimientos y conductas de las personas. En los entornos de logro, los objetivos de logro, gobiernan las creencias sobre el logro y guían de forma consecuente nuestro comportamiento.

El entrenador debe diseñar un ambiente que mejore el aprendizaje, la ejecución y el desarrollo del joven deportista, aumentando su motivación al ser evaluados por su mejor técnica y por su esfuerzo con un feedback y un refuerzo bien proporcionados (Boixadós et al., 1998).

La influencia que ejerce el ***entrenador como líder*** del grupo deportivo es un aspecto muy importante de la socialización (Peiró, 1990): su estilo de dirección, su conducta de apoyo social y refuerzo, la forma de instruir y la información y feedback que proporciona a los deportistas serán determinantes en el rendimiento general del deportista.

4.7. TRATAMIENTO DE LAS NUEVAS TECNOLOGÍAS POR PARTE DEL ENTRENADOR

Soportes tecnológicos

Las herramientas tecnológicas deben ser una ayuda para cualquier entrenador o/y entrenador en sus clases y entrenamientos. Pero hay que dejar claro que la mera utilización de recursos tecnológicos no garantiza la mejora del aprendizaje; sólo mediante prácticas pedagógicas adecuadas que contribuyan a promover la comprensión conceptual, el desarrollo de capacidades y la construcción de conocimiento se conseguirá potenciar toda interrelación entrenador-deportista de la mejor manera.

Existen varios criterios de clasificación. Si consideramos la clasificación de los materiales según el soporte que realiza la OEI en el documento del Congreso Iberoamericano de Educación de 1985, diremos que resultan las siguientes categorías:

- los pequeños medios audiovisuales (aquí se incluyen los tecnológicos como retroproyector y los no tecnológicos, por ejemplo, las láminas y el pizarrón entre otros);
- los materiales impresos;
- la radio, la TV abierta como videodiscos, videograbaciones, películas;
- la computadora, sitios de Internet, CD-ROM, programas de computación, etcétera.

Los recursos son facilitadores de la comunicación en relación con el aprendizaje. Inciden en este proceso y pueden afectarlo positiva o negativamente. Suponer que el uso de este tipo de recursos mejora la calidad de los aprendizajes implica una visión tecnocrática de la educación; todo dependerá del criterio utilizado tanto en la selección de los recursos como en su uso.

Algunas de las funciones específicas de los recursos tecnológicos son:

- Dinamizar la enseñanza.
- Poner al alumno en contacto con realidades y producciones lejanas en tiempo y espacio.
- Mostrar diferentes formas de representar la realidad.
- Vincular a los alumnos con diversos lenguajes expresivos y comunicativos que circulan socialmente.
- Favorecer el acceso a distintos grados de información estructurada.
- Propiciar diferentes herramientas para la indagación, producción y sistematización de la información.

En cuanto a los recursos tecnológicos audiovisuales, de más reciente incorporación en la escuela, se reconocen las siguientes funciones:

- Motivadora, porque generalmente capta el interés de los alumnos.
- Catalizadora, en tanto permite investigar y construir la realidad partiendo de una experiencia didáctica.
- Informativa, porque presenta un discurso específico sobre conceptos, procedimientos y destrezas.
- Redundante, en la medida en que ilustra un contenido expresado con otro medio.
- De comprobación, porque permite verificar una idea, un proceso u operación.
- Sugestiva, por el impacto visual que produce.

Lo realmente valioso del uso de recursos tecnológicos no es el recurso en sí mismo sino el hecho de que se conviertan en mediadores para generar nuevas propuestas, capaces de despertar el interés y promover la comprensión. La tecnología puede ser un medio para esta intencionalidad en la medida que permita el desarrollo de experiencias creativas, autónomas, valiosas, significativas en torno a los contenidos de enseñanza.

El uso pertinente de los recursos significa desarrollar modos de enseñanza que les permita a los deportistas reconocer problemas, establecer relaciones entre los conceptos nuevos y los conceptos viejos, relación entre lo que se aprende en la teoría y en la práctica.

Internet

Internet es una red de redes, que enlaza unos computadores, es el vehículo para transportar la información almacenada en archivos o documentos que están en otro computador. Internet en sí no contiene información, en los servidores conectados a Internet es en realidad donde se encuentra la información.

Su facilidad de uso se debe a los programas llamados navegadores: Internet Explorer, Netscape, etc. que permite desplazarse por las diferentes páginas de una forma muy sencilla e intuitiva.

¿Qué es un navegador? es un programa de computador que reside dentro de su computador y le permite utilizarlo para ver los documentos www, así como acceder a Internet.

Algunos datos que reflejan la "comunidad virtual"

- Todos los países conectados desde 1996.
- Más de 200 millones de servidores.
- Unos 1000 millones de usuarios. La tasa de crecimiento es de 200 mil usuarios nuevos cada día.
- El tráfico de información se duplica cada 100 días.
- Aproximadamente 10000 millones de páginas en la Web, y se crean 3 millones de páginas nuevas cada día.
- Más de 10000 "buscadores de información".

¿Las nuevas tecnologías facilitan la comunicación?

La **televisión-video** como medio educativo:

- Capacidad de registro de acontecimientos
- Capacidad intuitiva y espontánea
- Capacidad de globalización
- No hay proyecto de TV educativa sin pedagogía de la imagen y del lenguaje paralelo
- No hay educación con TV sin desarrollo de habilidades de escritura audiovisual

Utilización de la televisión-video como medio educativo:

- Seleccionar la información
- Dosificar la información
- Centrar la atención:
- Secuencias breves con unidad significativa
- Estructura que sirva para el aprendizaje

El cine como medio educativo:

- Herramienta muy poderosa para la transmisión de actitudes y valores
- Cine histórico
- Cine social, de protesta, de denuncia

Utilización de vídeos:

- Titulo
- Tema
- Finalidad general
- Audiencia
- Tipo de video: promoción, formación, información, memoria, publicidad
- Idea de fondo: sentido, progresión, participación, otras sensaciones

Las webs

- Documento adaptado a sitio de internet
- Sitio de web
- Información + hiperenlaces
- Necesidad de actualizaciones constantes

El correo electrónico

- Rapidez de expresión, sin intermediarios y sin formalidad alguna
- Peligro de "No vuelta atrás"

La mensajería instantánea

- Simultaneidad
- Grupos de "chateo"
- Mayores problemas en la transmisión del sentido del mensaje

El teléfono móvil

- Escucha directa desde cualquier lugar
- Nuevas posibilidades del aparato
- Mensajes de texto
- Envíos de fotos y otra acciones
- Grabación de gestos técnicos con feedback inmediato
- Grabación de jugadas y cuestiones tácticas para trabajar en cancha o aula.

Las redes sociales en internet

- Interacción multidireccional
- Comunicación global
- Intercambio dinámico

5. IMPORTANCIA PSICOLÓGICA DE LA EVALUACIÓN DEL RENDIMIENTO DEPORTIVO

5.1. EVALUAR EL RENDIMIENTO. QUÉ EVALUAR

Control y evaluación del rendimiento deportivo

Evaluación en deporte: actividad sistemática y continua que tiene por objeto proporcionar la máxima información para mejorar el proceso de mejora deportiva, reajustando métodos y recursos y facilitando la máxima ayuda y orientación a deportista y entrenador.

La valoración del rendimiento en el deportista, tanto en el entrenamiento como en la competición, y el posterior análisis sistematizado de los aspectos físicos, técnicos y tácticos determina una información y referencia al deportista que potencia de forma muy positiva variables como la motivación, la confianza, la atención y el nivel de activación.

La gestión activa y efectiva del control del rendimiento por parte del deportista favorece, además su autonomía, implicación y adherencia a la actividad. El autorregistro del entrenamiento y el control específico de la competición deben ser pues, sugeridos y reforzados por parte de entrenadores como un elemento importante en la programación general del deporte.

Evaluar el rendimiento

La evaluación del rendimiento proporciona un importante conocimiento de la preparación del deportista en los aspectos físicos, técnicos y tácticos; genera en el deportista una percepción de control sobre la situación deportiva favoreciendo un estado de funcionamiento más realista y objetivo, eliminando sesgos y ambigüedades y potenciando positivamente variables psicológicas como la autoconfianza y la motivación.

La percepción del éxito o fracaso en el entrenamiento o en la competición viene determinada directamente por la percepción que los deportistas tienen de sus propios recursos y de las atribuciones que estos hacen respecto al propio rendimiento y resultado alcanzado.

El feedback y el posterior reforzamiento positivo que proporcionan los datos pueden, dirigiendo adecuadamente la actuación, producir beneficios psicológicos relativos al aumento de la motivación, la mejora de la auto-confianza, el control del estrés, una mayor cohesión grupal, un mayor ajuste del nivel de activación y un apreciable aumento de la atención.

En concreto, la metodología de la evaluación aplicada por el profesional de la psicología deportiva es de gran ayuda para:

- Detectar la necesidad de evaluar algún aspecto del entrenamiento y planteárselo al entrenador
- Orientar al entrenador sobre el procedimiento y los instrumentos para realizar la evaluación
- Diseñarlo teniendo en cuenta objetivos y contenidos señalados por el entrenador
- Orientar a los observadores sobre al procedimiento de registro de datos
- Ayudar al entrenador a relacionar e interpretar los datos registrados
- Ayudar al entrenador a obtener conclusiones válidas
- Encargarse de la evaluación de los aspectos psicológicos.

Definición de evaluación

Evaluación deportiva se define como la actividad sistemática y continua que tiene por objeto proporcionar la máxima información para mejorar el proceso de mejora deportiva, reajustando métodos y recursos y facilitando la máxima ayuda y orientación a deportista y entrenador.

Es conveniente que se defina y evalúe el rendimiento de los deportistas en función de variables relevantes. En líneas generales debe evaluarse el progreso general del deportista referido a su condición física, sus habilidades técnicas y su comportamiento táctico-estratégico. El conocimiento de la situación de estos factores, nos va a permitir detectar las posibilidades, limitaciones y necesidades de mejora de los deportistas.

Esta valoración debe realizarse tanto en situación de entrenamiento como de competición para que aporte la mayor información posible. Por ello habrá que detectar y seleccionar correctamente las variables más relevantes adaptándolas a las necesidades y prioridades del competidor:

- Hay que evaluar entonces tanto el entrenamiento como la competición. Y hay que evaluar tanto en el entrenamiento como en la competición.
- Hay que evaluar el progreso general de los deportistas en todas sus áreas: físico, técnico, táctico-estratégico, y psicológico.

- Hay que evaluar la planificación del entrenamiento y de la competición
- Hay que evaluar el contenido integral del programa de entrenamiento
- Hay que evaluar el rendimiento y el resultado
- Hay que evaluar el deportista y al entrenador

Evaluación de la planificación

Las valoraciones periódicas de la planificación nos permitirán examinar el proceso de entrenamiento, modificar elementos, ajustar volúmenes e intensidades, introducir nuevos contenidos e incluso cambiar objetivos en caso de que el trabajo no produzca el fin pretendido.

Debe realizarse pues, una evaluación inicial, evaluaciones periódicas y una evaluación final de todo el proceso

- Evaluación inicial: permite comprobar el punto de partida y sobre todo corroborar si los objetivos pueden cumplirse o no.
  - Esta evaluación debe señalar el grado de entrenamiento que tienen los deportistas antes de comenzar su preparación (condición física, habilidades técnicas, rendimiento táctico y si es posible las aptitudes psicológicas)
- Evaluaciones periódicas: necesarias para perseverar o cambiar ciertas estrategias del proceso de planificación. Sirve para ajustar cargas, modificar objetivos, proponer ciertas ayudas ergogénicas fisiológicas y psicológicas concretas
- Evaluación final: con esta evaluación comprobaremos que las metas se han cumplido o no.

Es importante, en este sentido, diferenciar la valoración del rendimiento de la valoración del resultado.

Resultado vs rendimiento

No hay que identificar necesariamente resultado con rendimiento puesto que un resultado negativo no es consecuencia directa de una conducta negativa.

El resultado debe definirse por la conducta del deportista, mientras que el resultado refleja las consecuencias de dicha conducta.

Es erróneo, entonces, utilizar la consecución de resultados como criterio único o principal para evaluar el rendimiento, ya que en la mayoría de los casos existen variables ajenas que pueden influir en dicho rendimiento.

De esta manera el rendimiento se refiere al funcionamiento global del deportista a favor de obtener un determinado resultado. Este funcionamiento global viene determinado por la interacción del funcionamiento físico, técnico, táctico-estratégico y psicológico.

Es aconsejable, pues, evaluar las decisiones y ejecuciones más relevantes de los deportistas con independencia de su resultado, lo que supondrá la elaboración adecuada de un sistema complejo de análisis y recogida de datos

Puede ser interesante así mismo, establecer unos objetivos de rendimiento antes de la participación en cada competición, especificando criterios a cumplir y valorando después de la competición si se han conseguido tales objetivos sin vincularlos al puesto o tiempo conseguido.

En definitiva, es fundamental discriminar adecuadamente los distintos tipos de variables de rendimiento, por lo que será preciso diferenciar y evaluar las decisiones tácticas, la ejecución técnica y la utilización de distintas variables psicológicas correctamente para que no queden difuminadas por resultados adversos o muy favorables.

Centrándonos en los resultados, es conveniente añadir la diferencia fundamental entre los resultados intra-sujetos y los resultados inter-sujetos. Los resultados intra-sujetos son los que el deportista consigue respecto a sí mismo, mientras que los inter-sujetos dependen de la competencia con otros deportistas.

Ambos criterios son interesantes valorarlos, pero siendo conscientes de las diferencias y aportaciones distintas que cada uno hace respecto a la globalidad de la planificación.

Interacción de las variables de rendimiento

La táctica, la técnica, la condición física y el comportamiento psicológico no son parcelas estancas, ni compartimentadas. Todo lo contrario, cada una de ellas puede influir en el rendimiento de las otras, por lo que conviene considerar la posible interacción entre las distintas variables de rendimiento.

La toma de decisiones y la ejecución durante la competición pueden estar afectadas por el estado físico del deportista; por lo que será interesante evaluar el momento de la competición de cada decisión y ejecución relevantes.

De esta forma la evaluación se realizará con mayor rigor y podrá conocerse mejor lo que sucede en realidad en el rendimiento de los deportistas.

5.2. EVALUACIÓN DEL PROGRESO GENERAL

Evaluación de la condición biológica y el rendimiento físico. Es la parcela de rendimiento más atendida y avanzada en cuanto a la evaluación se refiere: reconocimientos médicos, pruebas de laboratorio específicas y test de campo son las principales formas de valoración del rendimiento físico.

Evaluación de habilidades técnicas

Las diversas disciplinas deportivas tienen unos patrones técnicos muy concretos y establecidos. La metodología es diversa y pueden utilizarse desde hojas de registro, hasta la grabación en vídeo, pasando por complejos análisis biomecánicos que determinan la adecuada evolución de la técnica correcta del deportista.

En este sentido será fundamental la información que se vaya dando al sujeto para que la modificación técnica sea positiva.

Las hojas de registro son un buen método objetivo para evaluar la habilidad técnica, como por ejemplo hoja de valoración de gesto concretos.

Evaluación del rendimiento táctico-estratégico

El rendimiento táctico-estratégico es tal vez la parcela del rendimiento global del deportista que menor atención ha tenido y donde las carencias aptitudinales son mayores.

Es frecuente el error de evaluar la decisión táctica en función de los resultados de la ejecución técnica. La gran cantidad de situaciones que pueden darse en un deporte hace necesario un sistema de registro de las estrategias y tácticas que tiendan a reproducir las condiciones relevantes en las que el deportista debe tomar la decisión. De esta manera pueden diseñarse test que simulen situaciones muy concretas o también reproducirlos o recogerlos de competiciones reales.

Por ello es conveniente encontrar una fórmula en la que se puedan registrar las decisiones más relevantes durante una competición.

Grabar en vídeo las tareas técnico-tácticas de forma sistemática ayudaria a mejorar y plantear tácticas adecuadas y estrategias positivas.

Es conveniente analizar la relación existente entre decisiones, ejecuciones y resultados, con el fin de saber qué decisiones aumentan la probabilidad de conseguir eficaces ejecuciones técnicas.

La utilización de determinadas estrategias en comparación con otras alternativas nos dará informaciones muy significativas:

- En qué medida se ha utilizado cada estrategia previamente acordada
- Aportaciones específicas de cada estrategia utilizada
- Limitaciones de cada estrategia
- Relación coste-beneficio entre el tiempo entre el tiempo y esfuerzo que cuesta el aprendizaje de cada estrategia y el beneficio que produce
- Cuestiones a mejorar para hacer una estrategia muy eficaz

La estrategia se refiere al plan de un deportista para afrontar una competición, teniendo en cuenta todas las características relevantes de la prueba, y los recursos propios para conseguir el mejor resultado posible.

El comportamiento táctico incluye, por su parte, las decisiones que los deportistas adoptan, ya en la competición, y en función de:

- la estrategia previa
- las características presentes
- el feedback recibido de las decisiones que se van adoptando

El comportamiento táctico-estratégico determina que un deportista pueda utilizar mejor o peor su repertorio de habilidades técnicas y conductas relevantes. Requiere, por tanto, el conocimiento de las situaciones que se plantean en competición y el dominio de las más eficaces.

Los aspectos psicológicos implicados son:

- El funcionamiento atencional y perceptivo
- El procesamiento correcto de la información
- El análisis apropiado de la situación y las alternativas
- La toma de una decisión

5.3. EVALUACIÓN DE LOS CONTENIDOS DEL PROGRAMA DE ENTRENAMIENTO

Entendemos por contenidos el conjunto de actividades correctamente organizadas que permiten conseguir los objetivos propuestos. Dependen de los objetivos y tienen las características de jerarquización, transferencia y significación; es decir el orden de presentación y realización es importante, unos contenidos influyen en otros por lo que habré que tenerlo en cuenta y por último la actividad propuesta debe significar lo que pretendemos conseguir.

Los contenidos del entrenamiento representan la estructuración completa del entrenamiento en función del objetivo a alcanzar. Además se deben introducir otros ejercicios que determinen sesiones específicas y por tanto contenidos suplementarios como gimnasio, transiciones, simulaciones de competiciones, sesiones teóricas, trabajo psicológico específico, etc.

Cuando el trabajo se centra en contenidos significativos, la evolución del entrenamiento es más positiva. Comprobar entonces el alcance del programa planteado es un requisito importante para avanzar sobre los objetivos y sobre la mejora general de los deportistas, por lo que su evaluación se hace más necesaria.

Para centrarse en los elementos de mayor trascendencia del programa conviene desarrollar una serie de indicadores que informen sobre estos puntos concretos. De esta forma el mejor diagnóstico del programa implicará una mayor adecuación a las posibilidades.

Se deben escoger los indicadores más representativos que permitan medir las variables más relevantes.

5.4. EVALUACIÓN DE LA CONDUCTA DEL ENTRENADOR

Uno de los recursos más trascendentes del entrenamiento es la conducta del entrenador, por lo que puede ser muy interesante y fundamental que sea objeto de evaluación. Partiendo siempre de una crítica constructiva y de una tendencia a la mejora, puede ser realizado por el propio entrenador o encargárselo a un especialista en psicología deportiva.

En cualquier caso, la información que se recopile puede proporcionarle al entrenador un valioso feedback sobre la manera de conducir las sesiones de entrenamiento.

Puede generarse una hoja de registro en donde se recojan las categorías relacionadas con la conducta del entrenador. Puede constatarse si la conducta se da o no, e incluso ir más allá y determinar en qué grado se da anotando una puntuación baremada o/y categorizada que determine la amplitud de dicha conducta.

También puede realizarse una grabación en vídeo de varias sesiones de entrenamiento y realizar posteriormente un visionado.

Es necesario que el entrenador en su afán de superación sea autocrítico se deje aconsejar por terceras personas en la disposición de sus recursos como entrenador.

En ese sentido el psicólogo deportivo realizará las funciones siguientes con respecto al entrenador:

- Detectar la necesidad de evaluar algún aspecto del entrenamiento y plantearlo al entrenador
- Orientarle sobre el procedimiento y los instrumentos a realizar (tipo de hojas, etc.)
- Diseñar los instrumentos según objetivos y contenidos
- Orientar sobre el procedimiento de registro
- Ayudar al entrenador a interpretar los datos obtenidos
- Ayudar a elaborar las conclusiones válidas
- Encargarse de la evaluación de los aspectos psicológicos

5.5. EVALUACIÓN DE LOS ASPECTOS PSICOLÓGICOS

Las variables psicológicas están relacionadas directamente con el rendimiento deportivo, favoreciendo o perjudicando el funcionamiento de los deportistas en el entrenamiento, en la competición, e incluso en los momentos de descanso y baja por lesión.

Por ello un adecuado análisis del grado en que cada uno de estos factores está presente en el deportista, será fundamental para determinar la dinámica de trabajo a seguir.

La activación general del organismo, la motivación, el estrés y la autoconfianza, junto con la autoestima, la tolerancia al fracaso, persistencia, la agresividad y los estados de ánimo, pueden favorecer o perjudicar el rendimiento deportivo en las parcelas física, técnica y táctico-estratégica. Además, variables como las relaciones interpersonales y la cohesión de grupo o de equipo pueden ser relevantes en pruebas deportivas en las que resulte trascendente el trabajo colectivo.

El mejor funcionamiento psicológico puede contribuir a que el organismo se encuentre en las mejores condiciones físicas y mentales para poder competir.

La capacidad competitiva viene determinada en muchas ocasiones por la aceleración del proceso madurativo personal, y este sin duda está determinado por la mejor disposición de los factores psicológicos del individuo.

Rendimiento deportivo y funcionamiento psicológico tienen, por tanto, una relación muy estrecha que debe tenerse en cuenta a la hora de planificar el trabajo de entrenamiento.

La mejora y puesta a punto de la condición psicológica puede beneficiarse por el dominio de las habilidades psicológicas que les ayuden a autorregular los estados psicológicos que influyen en su rendimiento.

Las principales habilidades psicológicas a las que nos referimos son:

- establecimiento de objetivos
- autoobservación y autorregistro
- autoevaluación del nivel de activación
- evaluación objetiva del propio rendimiento
- técnicas de relajación y respiración
- práctica en imaginación
- habilidades atencionales
- autoafirmaciones y autorrefuerzos
- autorregulación y autocontrol en competición
- toma de decisiones y solución de problemas
- habilidades interpersonales

La evaluación de estas variables, tiene cuatro objetivos fundamentales:

- Conocer cómo se encuentran estas habilidades, antes de iniciar un trabajo específico
- Detectar dificultades que surjan en el entrenamiento
- Proporcionar información a los deportistas para fortalecer su percepción de control sobre estas habilidades
- Conocer el progreso de los deportistas en el dominio de estas habilidades

5.6. ESTABLECIMIENTO DE OBJETIVOS. OBJETIVOS DE RESULTADO Y OBJETIVOS DE REALIZACIÓN

Objetivos de resultado

Una vez conocido el calendario de competiciones y habiendo valorado las posibilidades de éxito de los deportistas, se deben decidir los resultados deportivos que se pretenden lograr.

Estos resultados deben ser específicos, atractivos y realistas. Deben operativizarse lo más posible para que puedan ser medidos y así evaluados de forma correcta y objetiva.

Un deportista puede como tener objetivo de resultado mejorar su marca, ganar tal o cual prueba o simplemente quedar entre los primeros de una competición.

En ocasiones la obtención de un objetivo de resultado implica la necesidad de lograr metas menores; son los llamados objetivos intermedios, sin los cuales no pueden conseguirse los objetivos de resultado pretendidos. Como objetivos intermedios pueden quedar la clasificación en una prueba para la final, o bajar tiempo en un segmento concreto de cara a la competición señalada.

Los objetivos intermedios constituyen retos a corto plazo y son unos buenos referentes de nuestro estado de forma para comprobar el progreso hacia nuestra meta, que ayudan a fortalecer la autoconfianza y la motivación.

Planteamiento de objetivos de realización

Son los logros relacionados con la propia conducta: mejoras físicas, técnicas, de táctica, etc. Estos objetivos deben ser también específicos, atractivos y alcanzables. Su importancia radica en los siguientes aspectos:

- Acentúan nuestra conducta personal
- Hace que el deportista se centre y ocupe en conducta
- Permite realizar una valoración realista
- Facilitan una valoración del rendimiento sencilla y fiable
- Es un indicador de progreso muy apropiado y eficaz
- Favorecen el desarrollo de la percepción de control y por tanto de la autoconfianza y de la motivación

Evaluación de los objetivos

La evaluación es un proceso continuo y acumulativo, Es una acción inherente y simultánea al proceso de enseñanza-aprendizaje. Estas características hacen que la evaluación no pueda ser una actividad aislada, a veces realizada como cortes del proceso enseñanza-aprendizaje (fechas o períodos de evaluación formal acompañados psicológicamente de un clima de tensión particular). La evaluación no es una actividad aislada del proceso formativo del deportista.

Toda sesión de enseñanza es una oportunidad para tener evidencias de la actuación de los entrenados y de nuestra acertada selección de objetivos y de medios para la conducción del aprendizaje.

En este sentido hay que realizar una definición de algunos conceptos:

- Objetivos generales: se corresponden a las finalidades genéricas de un proyecto o entidad. Expresan el propósito central del proyecto. No señalan resultados concretos ni directamente medibles por medio de indicadores, pero sí el fin pretendido. Tienen que ser coherentes con la misión de la entidad. Los objetivos generales se concretan en objetivos específicos.
- Objetivos específicos: se derivan de los objetivos generales y los concretan, señalando el camino que hay que seguir para conseguirlos. Indican los efectos específicos que se quieren conseguir, aunque no explicitan acciones directamente medibles mediante indicadores.
- Objetivos operativos: concretan los objetivos específicos. Son cuantificables, medibles mediante indicadores y directamente verificables. Así nos permiten hacer seguimiento y evaluación del grado de cumplimiento de los efectos que se quieren conseguir con los objetivos específicos.

5.7. EVALUACIÓN DEL VOLUMEN E INTENSIDAD. VALORACIONES OBJETIVAS-SUBJETIVAS

La evaluación del volumen y la intensidad son dos factores esenciales para controlar el proceso de preparación de los deportistas.

El volumen viene determinado por la cantidad de ejercicio realizado en cada disciplina deportiva y es una variable fundamental para indicar el tipo de entrenamiento o/y para adecuar el objetivo propuesto.

Evaluación de la intensidad

La evaluación de la intensidad puede hacerse por tres vías complementarias que serán más o menos apropiadas en función de entrenador y deportista:

- Valoración subjetiva por parte del entrenador
- Valoración objetiva a través de diversas medidas
- Valoración subjetiva que realiza el propio deportista

Valoración del entrenador

Con una escala de 0-10 puntos lo aplica al contenido del ejercicio entrenado, justo después de ser realizado

Valoración objetiva

A través de indicadores muy válidos y fiables por su cientificidad, siempre que se aplique por expertos o con aparatos especiales: tasa cardiaca, tomas de ácido láctico, etc.

Valoración subjetiva del deportista

En lo que concierne a la fatiga, debe controlarse el momento del entrenamiento y la carga de trabajo acumulada, siendo aconsejable utilizar escalas de cansancio percibido que indique el estado en que se encuentra el deportista.

Borg en 1962 elaboró la escala de esfuerzo percibido con correlaciones muy elevadas entre sus puntuaciones y las medidas fisiológicas valoradas.

Esta escala va de 6 a 20, 6 es ausencia de esfuerzo y 20 máximo esfuerzo. La estimación aproximada indica, añadiéndole un cero a la cifra, las pulsaciones que se tienen, por lo que 15 puntos percibidos vienen a corresponder 150 pulsaciones y 20 a 200 pulsaciones por minuto.

Estas escalas han evolucionado a otras más sencillas en donde directamente se aplica de 0 a 10 y donde los extremos son la ausencia de esfuerzo y el máximo respectivamente. Este tipo de escalas constituye un interesante, fiable y útil indicador de la intensidad del esfuerzo, que proporcionan un valioso feedback inmediato de la propia ejecución, fortalece la percepción de control y aporta una valiosísima información al entrenador para actuar en consecuencia y ajustar la valoración del progreso del deportista.

5.8. AUTOEVALUACIÓN DEL DEPORTISTA

Autoobservación y autorregistro

A través de estas habilidades psicológicas los deportistas serán capaces de observar rigurosamente su propia conducta y registrar los datos observados para un posterior análisis y comparación con otros datos de otras competiciones.

Cuanto más fácil sea determinar las experiencias internas del competidor, más fácil será el aprendizaje de la autorregulación.

La autoobservación y el autorregistro aumentan además el nivel de alerta, posibilitando una mayor discriminación de respuestas y potenciando un mejor autocontrol.

Solo de esta manera podemos reducir la interpretación sesgada y especulativa de la realidad competitiva.

Una información más amplia y objetiva determinará una valoración de lo sucedido más realista y adecuada.

Los autorregistros

La técnica del autorregistro constituye una estrategia psicológica muy adecuada dentro del ámbito deportivo. Consiste en focalizar la atención sobre la propia conducta, la situación en donde se da, y las consecuencias que se derivan de ello. Esa información deberá ser registrada lo antes posible, de forma que pueda ser recuperada, analizada y comparada en cualquier momento.

El autorregistro puede ser estructurado o no, dependiendo de la mayor elaboración y diseño del modelo. En general el autorregistro es una hoja más o menos estructurada donde de forma rápida y sencilla se vierten la mayor cantidad de datos recogidos determinados por la previa focalización en ellos durante la competición.

Características del autorregistro

- Puede contribuir a la descripción de un problema
- Se realiza un análisis funcional, aportando situaciones antecedentes y consecuencias de la conducta
- Permite adecuar el formato a la persona
- El coste/beneficio de la aplicación es favorable a la utilización del autorregistro

- La implicación activa del deportista favorece el desarrollo del autocontrol
- Proporciona una información constante sobre la conducta

Hay que asegurarse de que el competidor está en condiciones de utilizar el formato de forma correcta, por lo que habrá que:

- Aclarar dudas
- Detectar la dificultad del instrumento
- Comprobar que el competidor sabe qué debe registrar

La representación gráfica de los datos constituye así mismo, una tarea de considerable importancia:

- Permite resumir los datos y proporcionar una visión intuitiva de la información
- Informa acerca de las tendencias de la conducta: incrementos, disminuciones, estabilidad
- Implica un feedback muy potente
- Facilita la adherencia a la actividad

Otros procedimientos de valoración de las habilidades psicológicas y otros aspectos de la preparación del deportista son:

- Cuestionarios
- Entrevistas
- Listado de adjetivos
- Escalas subjetivas
- Observación directa

Algunas referencias bibliográficas que abogan por un autocontrol del deportista. Ozolin, N.G. Sistema contemporáneo de entrenamiento deportivo. El autocontrol diario del deportista:

- "Desde los primeros días del entrenamiento, el deportista se ve obligado a llevar un diario deportivo personal. En él se deben anotarse: comienzo y terminación de la sesión de entrenamiento, lugar, condiciones y contenido de la misma, dosificación y los resultados del trabajo sobre la técnica y su perfeccionamiento."
- "En el diario se anotarán concretamente las insuficiencias, errores y todo aquello que debe recibir atención en las siguientes sesiones."
- "Es muy importante realizar un autocontrol diario sobre el estado y la capacidad de trabajo, así como fijar gráficamente sus indicadores."

- "El deportista que aprende a valorar subjetivamente su estado puede, mucho antes del sobreentrenamiento, detectar sus primeros síntomas."
- "El deportista tiene necesidad de saber que el autocontrol diario y el análisis de sus datos constituye la condición fundamental para la dirección óptima del proceso de preparación deportiva."

5.9. EVALUACIÓN DE LA COMPETICIÓN

El contenido y la profundidad de la evaluación post-competición dependerán primeramente de la proximidad de la siguiente competición y en segundo lugar de la importancia que tenga la competición objeto de valoración.

Sólo si la próxima competición queda lejos y la competición terminada ha sido muy significativa, la evaluación se realizará de forma exhaustiva y profunda.

En todo caso la evaluación post-competición debe reunir las características siguientes:

- La valoración del rendimiento deportivo debe realizarse con independencia del resultado de la competición
- La valoración del rendimiento dependerá fundamentalmente de los objetivos de realización establecidos
- Se contemplarán tanto los datos objetivos como subjetivos en relación siempre a los objetivos de realización
- Deben extraerse conclusiones útiles para el futuro, para trabajar en entrenamientos y en próximas competiciones
- La valoración del resultado debe depender de los objetivos de resultado que se hayan planteado antes de la competición
- Se extraerán conclusiones constructivas relacionando convenientemente rendimiento y resultado
- La evaluación más profunda de los resultados, para un conjunto de competiciones, debe realizarse al finalizar este grupo de competiciones, dejando para el momento presente la evaluación del rendimiento.

Para optimizar la preparación de los deportistas para la competición inmediata se les pedirá que se centren en las conductas propias más relevantes.

Y será importante fortalecer su autoconfianza destacando las conductas prioritarias bien realizadas, señalando las conductas mal hechas sólo si pueden ser corregidas, aplazando para posteriores análisis las conductas mal realizadas que no pueden ser corregidas.

En definitiva, la evaluación post-competición en estas condiciones debe contemplar únicamente los recursos que el deportista domina y evitar destacar las que no domina.

Reflexión y valoración de los resultados

La evaluación adquiere cada día mayor relevancia en los procesos y acciones de enseñanza-aprendizaje, al constituir en sí misma un proceso, o subsistema, que afecta en todos los sentidos al que se desarrolla hacia el logro de los objetivos. No puede existir, como se afirma varias veces en este texto, sistema de aprendizaje sin mecanismos de feedback, o lo que es lo mismo, sin evaluación continua. Por esta razón cada día con más fuerza, los entrenadores de todos los niveles de la enseñanza, deben prepararse para ser evaluadores, aprendiendo y comprendiendo la importancia que el problema posee en el marco de cualquier acción formativa o educativa.

Principios de la evaluación:

- La evaluación ha de ser sistemática.
- La evaluación ha de estar integrada en el proceso educativo.
- La evaluación ha de tener en cuenta las diferencias individuales.
- Han de utilizarse distintos medios de evaluación.

Controlar el proceso de enseñanza-aprendizaje es comprobar en todo momento el nivel de logro de los objetivos propuestos y detectar constantemente los elementos externos o internos al alumno que le ayudan o dificultan en su esfuerzo con el fin de facilitar el proceso de aprendizaje. No hay que esperar al término de cada etapa para comprobar los resultados. El entrenador, día a día, en cada clase y en cada momento va recibiendo la información necesaria para adecuar los métodos, los medios y las actividades, a las necesidades de aprendizaje de sus deportistas.

En síntesis, la evaluación es:

- Un proceso que incluye una gran variedad de evidencias. Un método de adquisición y procesamiento de las evidencias necesarias para mejorar el aprendizaje y la enseñanza.
- Un sistema de control de la calidad en el cual puede ser determinado en cada etapa el proceso de enseñanza-aprendizaje, si éste es efectivo o no, y si no lo es, qué cambios deben realizarse para asegurar su efectividad.
- Un instrumento de la práctica deportiva que permite comprobar si los procedimientos utilizados son igualmente efectivos en el logro de los fines.

Los instrumentos de la evaluación. Instrumentos para recibir la información

- La comunicación didáctica:
  - Interacción entrenador-deportista
  - Diálogo didáctico: Observación y escucha
  - Preguntas
  - La observación
- Sistemática: Cuando se utilizan técnicas de almacenamiento de información.
- Asistemática: Cuando se manifiesta atención continua.
  - Actividades y ejercicios
  - Actividad normal
  - Control de dificultades
  - Revisión continua de tareas
  - Seguimiento del trabajo en grupos

BIBLIOGRAFÍA

Abernethy, B. (1993). Attention. En R.N. Singer, M. Murphey y L.K. Tennant (Eds.), Handbook of research in sport psychology (pp. 127-170). New York: Macmillan

Agnaldo, M., y Romero, E. (2005). La selección de talentos en el deporte de alto rendimiento. De Revista Digital. Buenos Aires. Año 10. Nº 90. Diciembre de 2005.

Álvaro, J. L. (Ed.). (2003). *Fundamentos sociales del comportamiento humano*. Barcelona: UOC.

Añó, V. (1997). *Planificación y organización del entrenamiento juvenil*. Madrid: Gymnos.

Arruza, J. A. (Ed.). (2002). *Nuevas perspectivas acerca del deporte educativo*. Bilbao: Editorial de la Universidad del País Vasco.

Arruza, J. A., Balagué, G., y Arrieta, M. (1998). Rendimiento deportivo e influencia del estado de ánimo, de la dificultad estimada, y de la autoeficacia en la alta competición. *Revista de Psicología del Deporte, 7*(2), 194-204.

Arruza, J. A., y Ruiz, L. M. (2002). Determinantes perceptivo-cognitivos y psicológicos de la excelencia en el deporte, *Doctorado en Rendimiento Deportivo*. Toledo: Facultad de Ciencias del Deporte. Universidad de Castilla-La Mancha.

Balagué, G. (1991). Preparación psicológica en deportes individuales. En Riera, J. y Cruz, J. (Eds.), *Psicología del deporte*. Barcelona: Martinez Roca.

Balaguer, I. (1994). *Entrenamiento psicológico en el deporte*. Valencia: Albatros Educación.

Balaguer, I., Castillo, I., Tomás, I., y Duda, J. L. (1997). Las orientaciones de metas de logro como predictoras de las conductas de salud en los adolescentes. *Iberpsicología*.

Bandura, A. (2001). Social cognitive theory: An agentic perspective. Annual Review of Psychology, 52, 1–26.

Barrow, J.C. (1977). The variables of leadership: a review and conceptual framework. Academy of management review, 2, 231-251.

Beltrán, J., García-Alcañíz, E., Moraleda, M., Calleja, F. G., y Santiuste, V. (1987). *Psicología de la educación*. Madrid: Eudema.

Benzi, M. (2004a). La personalidad y el caracter del campeón. En Tamorri, S. (Ed.), *Neurociencias y deporte. Psicología deportiva. Procesos mentales del atleta*. Barcelona: Paidotribo.

Benzi, M. (2004b). Motivación. En Tamorri, S. (Ed.), *Neurociencias y deporte. Psicología deportiva. Procesos mentales del atleta*. Barcelona: Paidotribo.

Benzi, M., De Marco, P., y Omiso, C. (2004). La comunicación en el deporte: el individuo, el equipo y el entorno. En Tamorri, S. (Ed.), *Neurociencias y deporte. Psicología deportiva. Procesos mentales del atleta*. Barcelona: Paidotribo.

Blanco, E. (1999). *Manual de la organización institucional del deporte*. Barcelona: Paidotribo.

Blázquez, D. (1999). *La iniciación deportiva y el deporte escolar*. Barcelona: INDE.

Blázquez, D., y Batalla, A. (1999). La edad de iniciación. En Blazquez Sánchez, D. (Ed.), *La iniciación deportiva y el deporte escolar*. Barcelona: Inde.

Boixadós, M., Valiente, L., Mimbrero, J., Torregrosa, M., y Cruz, J. (1998). Papel de los agentes de socialización en deportistas en edad escolar. *Revista de Psicología del Deporte, 7*(2), 295-310.

Bronfenbrenner, U. (1987). *La ecología del desarrollo humano.* Buenos Aires: Paidos.

Brotons, J. M. (2005). *Propuesta de un modelo integro para el proceso de detección, selección y desarrollo de talentos deportivos a largo plazo.* Ponencia presentada en el I Congreso de Deporte en edad escolar, Valencia.

Brown, J. (2001). *Sports talent. How to identify and develop outstanding athletes.* Champaing: Human Kinetics.

Buceta, J. M. (1998). *Psicología del entrenamiento deportivo.* Madrid: Dykinson.

Buceta, J. M. (2004). *Estrategias psicológicas para entrenadores de deportistas jóvenes.* Madrid: Dykinson.

Campos, J. (1995). Análisis de los determinantes sociales que intervienen en el proceso de detección de talentos en el deporte. En *Indicaciones para la detección de talentos deportivos. Investigaciones en ciencias del deporte* (Vol. 3). Madrid: CSD.

Cantón, E. (1999). *Motivación y su aplicación práctica al deporte.* Valencia: Promolibro.

Carrascosa, J. (2003a). *¿Dirigir o liderar? Claves para la cohesión del grupo*. Madrid: Gymnos.

Carrascosa, J. (2003b). *Motivación. Claves para dar lo mejor de uno mismo*. Madrid: Gymnos.

Carratalá, E., y Carratalá, V. (2000). *Relación de factores personales y sociales con los motivos de la práctica del judo*. Ponencia presentada en el I Congreso de la Asociación Española de Ciencias del Deporte, Facultad de Ciencias del Deporte. Universidad de Extremadura.

Cecchini, J. A., Méndez, A., y Contreras, O. R. (2005). *Motivos de abandono de la práctica del deporte juvenil*. Cuenca: Editorial UCLM.

Cervelló, E. M. (2002). *La motivación deportiva: aspectos sociales, contextuales y situacionales relacionados con la motivación en el deporte*. Ponencia presentada en el II Congreso de Ciencias de la Actividad Física y el Deporte. Asociación Española de Ciencias del Deporte, Madrid.

Coca, S. (2004). *Los entrenadores de fútbol*. Madrid: Real Federación Española de Fútbol. CEDIF.

Collison, C., y Parcell, G. (2003). *La gestión del conocimiento*. Barcelona: Paidós Empresa.

Contreras, O. R., y Sánchez, L. J. (1998). *La detección temprana de talentos deportivos*. Cuenca: Universidad de Castilla-La Mancha.

Cubeiro, J. C. (2007). *Leonardo da vinci y su códice para el liderazgo. Cómo el entorno, propicia la genialidad*. Madrid: Pearson educacion.

Chelladurai, P., & Saleh, S. D. (1978). Preferred leadership in sports. Canadian Journal of Applied Sport Sciences, 3, 85–92.

Davies, D. (1991). *Factores psicológicos en el deporte competitivo*. Barcelona: Ancora.

Delgado, M.A. (1994). Enseñanza constructivista de la educación física. CEP, Madrid.

Devis, J. (Ed.). (2001). *La educación física, el deporte y la salud en el siglo XXI*. Alicante: Marfil.

Dosil, J. (2004). *Psicología de la actividad física y del deporte*. Madrid: McGraw Hill.

Dosil, J., y Sánchez, A. (2002). Evaluación en Psicología del Deporte: la construcción de cuestionarios (el GEQ). En Dosil, J. (Ed.), *Psicología y rendimiento deportivo*. Ourense: Gersam.

Duda, J. (1995). Motivación en los escenarios deportivos: un planteamiento de la perspectiva de meta. En Roberst, G. C. (Ed.), *Motivación en el deporte y el ejercicio*. Bilbao: Desclèe.

Dunning, E. (2003). *El fenómeno deportivo. Estudios sociológicos en torno al deporte, la violencia y la civilización*. Barcelona: Paidotribo.

Durán, J. (2006). Culturas deportivas y valores en las sociedades actuales. En Pujadas, X., Fraile, A., Gambau, V., Medina, F. X. y Bantulá, J. (Eds.), *Culturas deportivas y valores sociales. VIII Congreso AEISAD. Investigación social y deporte* (Vol. 7). Madrid: Esteban Sanz.

Dürckheim, K. (1996). *El rendimiento deportivo y la madurez humana*. Bilbao: Mensajero.

Ericsson, K.A.; Krampe, R.T.; Tesch-Römer. (1993). The Role of Deliberate Practice in the Acquisition of Expert Performance. Psychological Review, 100(3), 363-406.

Escartí, A., y Brustad, R. (2002). Estudio de la motivación deportiva desde la perspectiva de la teoría de metas. En Dosil, J. (Ed.), *Psicología y rendimiento deportivo*. Ourense: Gersam.

Fraile, A. (2001). La competición en el deporte escolar como factor segregador. En Latiesa Rodriguez, M. (Ed.), *Deporte y cambio social en el umbral del siglo XXI*. (Vol. II). Madrid: AEISAD.

Frías-Armenta, M., López-Escobar, A. E., y Díaz-Méndez, S. G. (2003). Predictores de la conducta antisocial juvenil: un modelo ecológico. *Estudios de psicología, 8*(1), 15-24.

Fuentes, J. P., Sanz, D., Ramos, L. A., Julián, J. A., y Del Villar, F. (2003). La relación de los entrenadores de tenis de alta competición con su contexto social profesional: influencia en el rendimiento deportivo del tenista. De www.rendimientodeportivo.com/N005/Artic022.htm

Gambau, V. (2006). El valor de la gestión en los clubes deportivos gallegos. En Pujadas, X., Fraile, A., Gambau, V., Medina, F. X. y Bantulá, J. (Eds.), *Culturas deportivas y valores sociales. VII Congreso de la AEISAD. Investigación social y deporte* (Vol. 7). Madrid: Esteban Sanz.

Gano-Overway, L. A. (2001). Creating positive experiences for youths: what parents can do to help *Institute for the Study of Youth Sports 25*(3), 1-3.

García-Ferrando, M. (1979). Problemas sociales del trabajo deportivo: el caso de los atletas españoles de elite. *Reis, 8*, 33-88.

García-Ferrando, M. (1990). *Aspectos sociales del deporte. Una reflexión sociológica*. Madrid: Alianza deporte.

García-Ferrando, M. (2003). La observación científica y la obtención de datos sociológicos. En García Ferrando, M., Ibañez, J. y Alvira, F. (Eds.), *El análisis de la realidad social. Métodos y técnicas de investigación*. Madrid: Alianza editorial.

García-Ferrando, M. (2006a). Deporte y salud en las encuestas de hábitos deportivos de los españoles., *IV Congreso de la Asociación española de Ciencias del Deporte*. A Coruña: Xunta de Galicia, Consellería de Cultura y Deporte.

García-Ferrando, M. (2006b). *Posmodernidad y deporte: entre la individualización y la masificación. Encuesta sobre hábitos deportivos de los españoles 2005*. Madrid: CIS, CSD.

García-Ferrando, M., Ibáñez, J., y Alvira, F. (2003). *El análisis de la realidad social. Métodos y técnicas de investigación*. Madrid: Alianza editorial.

García-Ferrando, M., Puig, N., y Lagardera, F. (1998). *Sociología del deporte*. Madrid: Alianza Editorial.

García-Mas, A. (2001). Análisis psicológico del equipo deportivo. Las bases del entrenamiento psicológico. En Cruz, J. (Ed.), *Psicología del Deporte*. Madrid: Síntesis.

García, F. (2001). Ansiedad e indicadores de rendimiento en deportistas. Recuperado 12/12/04, De www.efdeportes.com/efd33a/ansied.htm

García, J. M. (2006). La continuidad del rendimiento de los jóvenes talentos, paradoja de nuestro tiempo., 2006, De http://www.telefonica.net/web2/educere-sport/Continuidad_JTalentos.htm

García, J. M., Campos, J., Lizaur, P., y Pablo, C. (2003). *El talento deportivo. Formación de élites deportivas*. Madrid: Gymnos.

Garfield, C. A. (1987). *Rendimiento máximo*. Barcelona: Martínez Roca.

Garratt, T. (2004). *Excelencia deportiva. Optimizar la actuación en los deportes utilizando PNL*. Barcelona: Paidotribo.

Gil, J. (1991). *Entrenamiento mental para deportistas y entrenadores de élite*. Valencia: Invesco.

Gimeno, F., y Guedea, J. A. (2001). Evaluación e intervención psicológica en la promoción de talentos deportivos en Judo. *Revista de Psicología del Deporte, 10*(1), 103-126.

Goleman, D. (1996). Inteligencia emocional. Barcelona: Kairós.

Goleman, D. (1998). La práctica de la inteligencia emocional. Barcelona: Kairós.

Gómez, A. M., y Mestre, J. A. (2005). *La importancia del gestor deportivo en el municipio*. Barcelona: Inde.

Gómez, F. (2006). Una nueva lógica de investigación e intervención psicosocial. *Portularia, VI*(1), 7-16. Universidad de Huelva.

Granada, H. (2003). Direcciones en que se desarrollará la Psicología Ambiental en los años futuros. *Estudios de psicología, 8*(2), 335-337.

Green, M., y Oakley, B. (2001). Elite sport development systems and playing to win: uniformity and diversity in international approaches. *Leisure Studies, 20*(4), 247-267.

Gutiérrez, J. L. (2000). Sociedad, política, cultura y sistemas complejos. *Revista de difusión, Facultad de Ciencias, UNAM* (59), 46-54.

Gutiérrez, M. (1995). *Valores sociales y deporte. La actividad física y el deporte como transmisores de valores sociales y personales*. Madrid: Gymnos.

Guzman, J. F., y García-Ferriol, A. (2002). Orientación de meta de los entrenadores y metodología de entrenamiento: implicaciones motivacionales. *Revista motricidad. European journal of human movement, 9*, 65-82.

Heinemann, K. (1999). *Sociología de las organizaciones voluntarias. El ejemplo del club deportivo*. Valencia: Tirant lo blanch.

Hernández, R. (1999). *Talentos deportivos*. Madrid: Centro de medicina deportiva. Consejería de educación y cultura. Comunidad de Madrid.

Hernández Mendo, A., Guerrero Manzano, S., y Arjona Arcas, J. F. (2000). Inteligencia emocional vs. inteligencia social: datos para un estudio con deportistas. Universidad de Málaga. Retrieved 02/12/2004, 2004, from the World Wide Web: www.efdeportes.com/efd23a/iemoc.htm

Hohmann, A., Lames, M., y Letzeier, M. (2005). *Introducción a la ciencia del entrenamiento*. Badalona: Paidotribo.

Imbroda, J. (2004). Si temes la soledad no seas entrenador. Apuntes desde un banquillo. Madrid: Pearson educación.

Jiménez, F. J., Rodríguez, J. M., y Castillo, E. (2003). Necesidad de formación psicopedagógica de los entrenadores deportivos. Universidad de Huelva. De www.uhu.es/agora/digital/numeros/02/02-articulos/miscelanea/jimenez-rodriguez.htm

Jiménez, J. A., y Fierro-Hernández, C. (2002). Factores que influyen en el éxito deportivo: un estudio en jugadores de golf. En Dosil, J. (Ed.), *Psicología y rendimiento deportivo*. Ourense: Gersam.

Jiménez, R., Santos-Rosa, F. J., García, T., Iglesias, D., y Cervelló, E. (2004). Análisis de las relaciones entre los climas motivacionales, las orientaciones de metas y los otros significativos a través de la práctica de actividad física y deportiva extraescolar. *Revista motricidad. European journal of human movement, 11*, 89-103.

Jouvenel, B. d., Goodman, P., Daifuku, H., Dubos, R., y Braunfels, W. (1971). *El entorno del hombre*. Buenos Aires: Ediciones Marymar.

Kay, T. (2000). Sporting excellence: a family affair. *European Physical Review, 2*, 151-169.

Kellerhals, J., Montandon, C., Ritschard, G., y Sardi, M. (1992). Le style educatif des parents et l'estime de soi des adolescents. *Revue Française de Sociologie, 33*(3), 313-333.

Lagardera, F. (1995). El sistema deportivo: dinámica y tendencias. *La Coruña: Revista de Educación Física., 61*.

Lapalma, F. H. (2005). Las inteligencias múltiples y el desarrollo de talentos. *Revista Iberoamericana de Educación., 37*(2).

Lapuente, I. (2003). *Modelo de desarrollo deportivo del Club Balonmano Alcobendas.* Trabajo no publicado de Doctorado en Rendimiento Deportivo, Facultad de Ciencias de la actividad Física y el Deporte. UCLM, Toledo.

Lapuente, I. (2005). *Análisis de la relación de características de liderazgo del entrenador y capacidades psicológicas de los deportistas.* Trabajo no publicado para el Diploma de Estudios Avanzados, Facultad de Ciencias de la Actividad Física y el Deporte. UCLM, Toledo.

Lapuente, I. (2006). La evaluación de las competiciones en los raids de aventura. *Finisher triatlón, 62*.

Lapuente, I. (2007). *El padre entrenador. Las buenas y malas influencias.* Ponencia presentada en el I Foro José María Cagigal, Alcobendas.

Le Sccauff, C., y Bertsch, J. (1999). *Estrés y rendimiento*. Barcelona: Inde.

Leyva, R. (2003). La selección de talentos deportivos. Criterios para asegurar su eficacia. Revista digital. Buenos Aires. Año 9. Nº 61.

Linaza, J. L. (2006). Desarrollo, educación y exclusión social. *Revista de psicodidáctica, 11*(2), 241-252.

Locke, E. A., y Lathat, G. P. (1991). Establecimiento de objetivos en el deporte. En Riera, J. y Cruz, J. (Eds.), *Psicología del Deporte*. Barcelona: Martinez roca.

Loignon, A. (2005). Plan de développement en sport Région de la Chaudière-Appalaches. Unité régionale de loisir et de sport de la Chaudière-Appalaches. Recuperado www.mddep.gouv.qc.ca/

López, J. (1995). Especialización temprana y promoción de talentos deportivos. En *VI Jornadas sobre rendimiento deportivo. Últimas tendencias en el alto rendimiento deportivo.* Granada: Instituto Andaluz del Deporte.

López, J. M. (2001). *Opinión de temas psicodeportivos en atletas, entrenadores y especialistas del deporte en Mexico.* Ponencia presentada en el II Congreso de Ciencias de la Actividad Física y el Deporte, Facultad de Ciencias de l'activitat fisica i l'esport. Universitat de Valencia.

Lorenzo, A. (2000). *Búsqueda de nuevas variables en la detección de talentos en los deportes colectivos: aplicación al baloncesto.* Tesis doctoral, Universidad Politécnica de Madrid, Madrid.

Lorenzo, A. (2001). La planificación a largo plazo del deportista dentro del proceso de detección y selección de talentos. Revista Digital - Buenos Aires - Año 7 - N° 38.

Lorenzo, A. (2003). Estudio del pensamiento de los entrenadores sobre el proceso de detección de talentos en baloncesto. *Revista motricidad. European journal of human movement, 10*, 23-51.

Lorenzo, R. (2005). Predictores de talento. *Intangible Capital, 1*(7).

Lynch, J. (2003). *El nuevo entrenamiento deportivo.* Madrid: Tutor.

Marco, J. C. (2003). *Psicosociología. Influencias en el rendimiento deportivo.* Madrid: Gymnos.

Marín, M., Grau, R., y Yubero, S. (2002). *Procesos psicosociales en los contextos educativos.* Madrid: Pirámide.

Marina, J. A. (1993). *Teoría de la inteligencia creadora.* Barcelona: Anagrama.

Marina, J. A. (2004a). *Aprender a vivir.* Barcelona: Ariel.

Marina, J. A. (2004b). *La inteligencia fracasada. Teoría y práctica de la estupidez.* Barcelona: Editorial anagrama.

Marina, J. A. (2007). Administración inteligente. En Díaz Méndez, A. y Cuéllar Martín, E. (Eds.), *Administración inteligente.* Madrid.

Martens, R. (2002). *El entrenador de éxito.* Barcelona: Paidotribo.

Martín-Albo, J. (1998). La motivación en los deportes de equipo: análisis de las motivaciones de inicio, mantenimiento, cambio y abandono. Un programa piloto de intervención. 2000.

Martin, D., Nicolaus, J., Ostrowski, C., y Rost, K. (2004). *Metodología general de entrenamiento infantil y juvenil*. Barcelona: Paidotribo.

Martín, O. (2002). *Organización deportiva*. Madrid: Gymnos.

Martindale, R., Collins, D., y Daubney, J. (2005). Talent Development: A Guide for Practice and Research Within Sport. *National Association for Kinesiology and Physical Education in Higher Education.* (57), 353-375.

Masnou, M., y Puig, N. (1999). El acceso al deporte. Los itinerarios deportivos. En Blazquez Sánchez, D. (Ed.), *La iniciación deportiva y el deporte escolar*. Barcelona: Inde.

Menéndez, S. (2001). Diversidad familiar y desarrollo psicológico infantil. *Portularia, 1*, 215-222.

Moreno, F. (2004). *Balonmano: detección, selección y rendimiento de talentos*. Madrid: Gymnos.

Moreno, M. P., y Del Villar, F. (2004). *El entrenador deportivo. Manual práctico para sus desarrollo y formación*. Barcelona: Inde.

Nicholls, J.G. (1989). The Competitive Ethos and Democratic Education. Cambridge, MA: Harvard University Press.

Oña, A., Martinez, M., Moreno, F., y Ruiz, L. M. (1999). *Control y aprendizaje motor*. Madrid: Síntesis.

Orlick, T. (2004). *Entrenamiento mental. Como vencer en el deporte y en la vlda gracias al entrenamiento mental*. Barcelona: Paidotribo.

Pallarés, J. (1998). Los agentes psicosociales como moduladores de la motivación en deportistas jóvenes orientados al rendimiento: un modelo causal. *Revista de Psicología del Deporte, 7*(2), 275-281.

Pastor, Y., y Balaguer, I. (2001). Relaciones entre autoconcepto, deporte y competición deportiva en los adolescentes valencianos. De www.psicologia-online.com/ciopa2001/actividades/57/

Peiró, J. M. (1990). *Organizaciones: nuevas perspectivas psicosociológicas*. Barcelona: PPU.

Peiró, J. M. (1995). *Psicología de la organización*. Madrid: UNED.

Pérez, J. A., y Suarez, C. (2005). *La competición deportiva con jóvenes*. Sevilla: Wanceulen.

Pérez, J. A., y Suárez, C. (2004). Estudio del abandono de los jóvenes en la competición deportiva. De http://www.efdeportes.com/ Revista Digital. Buenos Aires. Año 10. Nº 75.

Pérez, M. C. (2004). *Entrenadores deportivos: la clave del éxito*. Sevilla: Wanceulen.

Personne, J. (2005). *El deporte para el niño. Sin records ni medallas.* Barcelona: Inde.

Ponseti, F. C., Gili, M., Palou, P., y Borrás, P. A. (1998). Intereses, motivos y actitudes hacia el deporte en adolescentes: diferencias en función de nivel de práctica. *Revista de Psicología del Deporte, 7*(2), 259-274.

Puig, N. (1992). *Jóvenes y deporte: influencia de los procesos de socialización en los itinerarios deportivos juveniles.* Tesis doctoral no publicada, Universidad de Barcelona.

Richards, R. (1999). *Talent identification and development.* Ponencia presentada en el ASCTA Convention, Western Australian Institute of Sport.

Riera, J. (1985). Introducción a la psicología del deporte. Barcelona: Inde.

Rius, J. (1995). *Formación de jóvenes deportistas.* Madrid: Ediciones pedagógicas.

Rogoff, B., y Wertsh, J. V. (Eds.). (1984). *Children's learning in the zone of proximal development.* S.Francisco: Jossey Bass.

Romero, S. (2001). *Formación deportiva: nuevos retos en educación.* Sevilla: Universidad de Sevilla.

Romo, M. (2007). Psicología de la ciencia y la creatividad. *Revista creatividad y sociedad., 10*, 7-31.

Ruiz, G. (2006). *El triatlón como modelo de sistema deportivo en el contexto nacional español e internacional: determinantes para su desarrollo y la consecución del éxito.* Tesis Doctoral no publicada, Universidad de Castilla-La Mancha, Toledo.

Ruiz, L. M. (1998). Valoración de los elementos motores del joven deportista: mitos y realidades. En Contreras, O. R. y Sánchez, L. J. (Eds.), *La detección temprana de talentos deportivos.* Cuenca: UCLM.

Ruiz, L. M. (1999). Rendimiento deportivo, optimización y excelencia en el deporte. *Revista de Psicología del Deporte, 8*(2), 235-248.

Ruiz, L. M. (2004). La variabilidad en el aprendizaje deportivo. Lecturas: educación física y deportes. Revista digital. De www.efdeportes.com/efd11a/lmruiz.htm

Ruiz, L. M., Gutierrez, M., Graupera, J. L., Linaza, J. L., y Navarro, F. (2001). *Desarrollo, comportamiento motor y deporte.* Madrid: Síntesis.

Ruiz, L. M., Rodríguez, P., Martinek, T., Schilling, T., Durán, L. J., y Jiménez, P. (2006). El Proyecto Esfuerzo: un modelo para el desarrollo de la responsabilidad personal y social a través del deporte. *Revista de Educación, 341*, 933-958.

Ruiz, L. M., y Sánchez, F. (1997). *Rendimiento deportivo. Claves para la optimización de los aprendizajes*. Madrid: Gymnos.

Sáenz-López, P. (Ed.). (2006). *La formación del jugador de baloncesto de alta competición*. Sevilla: Wanceulen.

Sáenz-López, P., Jiménez, F. J., Sierra, A., Ibañez, S., Sánchez, M., y Pérez, R. (2005). Factores que determinan el proceso de formación del jugador de baloncesto. Lecturas: educación física y deportes. Revista digital.

Salinero, J. J. (2006). *Microsistemas deportivos de Alto Nivel. Un estudio descriptivo de clubes de karate de elite.* Tesis Doctoral no publicada, Universidad de Castilla-La Mancha, Toledo.

Sánchez, F. (1992). *Bases para una didáctica de la educación física y el deporte*. Madrid: Gymnos.

Sánchez, F. (1999). El deporte como medio formativo en el ámbito escolar. En Blázquez Sánchez, D. (Ed.), *La iniciación deportiva y el deporte escolar*. Barcelona: Inde.

Sánchez, F. (2005). *Conceptos y sistemas de desarrollo del alto rendimiento deportivo.* Universidad Autónoma de Madrid: Máster en Alto rendimiento deportivo.COE.

Sánchez, M. (2002). *El proceso de llegar a ser experto en baloncesto: un enfoque psicosocial.* Tesis Doctoral no publicada, Universidad de Granada, Granada.

Sanz, D., Fuentes, J. P., Moreno, M. P., Iglesias, D., y Del Villar, F. (2004). Influencia de un programa de supervisión reflexiva sobre la conducta verbal del entrenador de tenis en silla de ruedas de alta competición. *Revista motricidad. European journal of human movement, 12*, 115-135.

Schein, E. (1988). *La cultura empresarial y liderazgo*. Barcelona: Plaza y Janés.

Smith, R., Smoll, F., y Curtis, B. (1991). Adiestramiento eficaz del entrenador: una aproximación cognitivo-conductual para mejorar sus interacciones sociales con deportistas jóvenes. En Riera, J. y Cruz, J. (Eds.), *Psicología del deporte. Aplicaciones y perspectivas*. Barcelona: Martínez roca.

Smoll, F. L. (1991). Relaciones padres-entrenador: mejorar la calidad de la experiencia deportiva. En Williams, J. M. (Ed.), *Psicología aplicada al deporte*. Madrid: Biblioteca Nueva.

Tamorri, S. (2004). *Neurociencias y deporte. Psicología deportiva. Procesos mentales del atleta*. Barcelona: Paidotribo.

Thiess, G., Tschiene, p., y Nickel, H. (2004). *Teoría y metodología de la competición deportiva*. Barcelona: Paidotribo.

Torregrosa, M., y Mimbrero, J. (1998). Perfiles profesionales de deportistas olímpicos. En Fundación_Barcelona_Olímpica (Ed.), *Estudios de investigación becados por la Fundación Barcelona Olímpica 1998*. Barcelona.

Tudge, J., Shanahan, M. J., y Valsiner, J. (Eds.). (1996). *Comparisons in human development: Understanding time and context*. New York: Cambridge University Press.

Valdano, J., y Mateo, J. (1999). Liderazgo. Madrid: Aguilar.

Viadé, A. (2003). *Psicología del rendimiento deportivo*. Barcelona: UOC.

Viciana, j., Cervelló, E., Ramírez, J., San-Matías, J., y Requena, B. (2003). Influencia del feedback positivo y negativo en alumnos de secundaria sobre el clima ego-tarea percibido, la valoración de la educación física y la preferencia en la complejidad de las tareas de clase. Revista motricidad. European journal of human movement, 10, 99-116.

Villamarín, F., Maurí, C., y Sanz, A. (1998). Competencia percibida y motivación durante la iniciación en la práctica del tenis. *Revista de Psicología del Deporte, 13*, 41-56.

Weinberg, R.S. y Gould, D. (1996). Fundamentos de psicología del deporte y el ejercicio físico. (pp. 230-250). Barcelona: Ariel.

Wolfenden, L. E., y Holt, N. L. (2005). Talent development in elite junior tennis: perceptions of players, parents, and coaches. *Journal of Applied sport psychology, 17*, 108-126.

Zelichenok, V. (1999). Pruebas de control en diferentes especialidades en preparación a largo plazo de jóvenes atletas. En *Cuaderno de atletismo nº44: atletismo juvenil y junio. Alto rendimiento*. Madrid: Gymnos.

www.ingramcontent.com/pod-product-compliance
Lightning Source LLC
LaVergne TN
LVHW080431200726
843507LV00004B/786